雅 趣 小 书

丛书主编 鲁小俊

博戏录

[宋]李清照 [宋]程大昌

[明]冯梦龙 [清]金学诗 著

李诗君 注译

谢晓虹 绘

长江出版传媒 崇文书局

前　言

　　鲁小俊教授主编的十册"雅趣小书"即将由崇文书局出版，编辑约我写一篇总序。这套书中，有几本是我早先读过的，那种惬意而亲切的感觉，至今还留在记忆之中。于是欣然命笔，写下我的片段感受。

　　"雅趣小书"之所以以"雅趣"为名，在于这些书所谈论的话题，均为花鸟虫鱼、茶酒饮食、博戏美容，其宗旨是教读者如何经营高雅的生活。

　　南宋的倪思说："松声，涧声，山禽声，夜虫声，鹤声，琴声，棋落子声，雨滴阶声，雪洒窗声，煎茶声，作茶声，皆声之至清者。"（《经钼堂杂志》卷二）

明代的陈继儒说："香令人幽，酒令人远，石令人隽，琴令人寂，茶令人爽，竹令人冷，月令人孤，棋令人闲，杖令人轻，水令人空，雪令人旷，剑令人悲，蒲团令人枯，美人令人怜，僧令人淡，花令人韵，金石鼎彝令人古。"（《幽远集》）

倪思和陈继儒所渲染的，其实是一种生活意境：在远离红尘的地方，我们宁静而闲适的心灵，沉浸在一片清澈如水的月光中，沉浸在一片恍然如梦的春云中，沉浸在禅宗所说的超因果的瞬间永恒中。

倪思和陈继儒的感悟，主要是在大自然中获得的。但在他们所罗列的自然风物之外，我们清晰地看见了"香""酒""琴""茶""棋""花""虫""鹤"的身影。这表明，古人所说的"雅趣"，是较为接近自然的一种生活情调。

读过《儒林外史》的人，想必不会忘记结尾部分的四大奇人："一个是会写字的。这人姓季，名遐年。""又一个是卖火纸筒子的。这人姓王，名太。……他自小儿最喜下围棋。""一个是开茶馆的。这人姓盖，名宽，……

后来画的画好，也就有许多做诗画的来同他往来。""一个是做裁缝的。这人姓荆，名元，五十多岁，在三山街开着一个裁缝铺。每日替人家做了生活，余下来工夫就弹琴写字。"《儒林外史》第五十五回有这样一段情节：

一日，荆元吃过了饭，思量没事，一径踱到清凉山来。这清凉山是城西极幽静的所在。他有一个老朋友，姓于，住在山背后。那于老者也不读书，也不做生意，养了五个儿子，最长的四十多岁，小儿子也有二十多岁。老者督率着他五个儿子灌园。那园却有二三百亩大，中间空隙之地，种了许多花卉，堆着几块石头。老者就在那旁边盖了几间茅草房，手植的几树梧桐，长到三四十围大。老者看看儿子灌了园，也就到茅斋生起火来，煨好了茶，吃着，看那园中的新绿。这日，荆元步了进来，于老者迎着道："好些时不见老哥来，生意忙的紧？"荆元道："正是。今日才打发清楚些，特来看看老爹。"于老者道："恰好烹了一壶现成茶，请用杯。"斟了送过来。荆元接了，坐着吃，道："这茶，色、香、味都好，老爹却是那里取的这样好水？"于老者道："我们城西不比你城南，到处井泉都是吃得的。"

荆元道："古人动说桃源避世，我想起来，那里要甚么桃源？只如老爹这样清闲自在，住在这样城市山林的所在，就是现在的活神仙了！"

这样看来，四位奇人虽然生活在喧嚣嘈杂的市井中，其人生情调却是超尘脱俗的，这也就是陶渊明《饮酒》诗所说的"结庐在人境，而无车马喧"。

"雅趣"可以引我们超越扰攘的尘俗，这是《儒林外史》的一层重要意思，也可以说是中国文化的特征之一。

古人有所谓"玩物丧志"的说法，"雅趣"因而也会受到种种误解或质疑。元代理学家刘因就曾据此写了《辋川图记》一文，极为严厉地批评了作为书画家的王维和推重"雅趣"的社会风气。

辋川山庄是唐代诗人、画家王维的别墅，《辋川图》是王维亲自描画这座山庄的名作。安史之乱发生时，王维正任给事中，因扈从玄宗不及，为安史叛军所获，被迫接受伪职。后肃宗收复长安，念其曾写《凝碧池》诗怀念唐王朝，又有其弟王缙请削其官职为他赎罪，遂从宽处理，仅降为太子中允，之后官职又有升迁。

刘因的《辋川图记》是看了《辋川图》后作的一篇跋文。与一般画跋多着眼于艺术不同，刘因阐发的却是一种文化观念：士大夫如果耽于"雅趣"，那是不足道的人生追求；一个社会如果把长于"雅趣"的诗人画家看得比名臣更重要，这个社会就是没有希望的。

中国古代有"文人无行"的说法，即曹丕《与吴质书》所谓"观古今文人，类不护细行，鲜能以名节自立"。后世"一为文人，便不足道"的断言便建立在这一说法的基础上，刘因"一为画家，便不足道"的断言也建立在这一说法的基础上。所以，他由王维"以前身画师自居"而得出结论："其人品已不足道。"又说：王维所自负的只是他的画技，而不知道为人处世以大节为重，他又怎么能够成为名臣呢？在"以画师自居"与"人品不足道"之间，刘因确信有某种必然联系。

刘因更进一步地对推重"雅趣"的社会风气给予了指斥。他指出：当时的唐王朝，"豪贵之所以虚左而迎，亲王之所以师友而待者"，全是能诗善画的王维等人。而"守孤城，倡大义，忠诚盖一世，遗烈振万古"的颜杲卿却与盛名无缘。风气如此，"其时事可知矣！"他斩钉截铁地告诫读者说：士大夫切不可以能画自负，也不要推重那些能画的人，坚持的时间长了，或许能转移"豪贵王公"的好尚，促进社会风气向重名节的方向转变。

刘因《辋川图记》的大意如此。是耶？非耶？或可或否，读者可以有自己的看法。而我想补充的是：我们的社会不能没有道德感，但用道德感扼杀"雅趣"却是荒谬的。刘因值得我们敬重，但我们不必每时每刻都扮演刘因。

"雅趣小书"还让我想起了一篇与郑板桥有关的传奇小说。

郑板桥是清代著名的"扬州八怪"之一。他是循吏，是诗人，是卓越的书画家。其性情中颇多偶傥不羁的名士气。比如，他说自己"平生谩骂无礼，然人有一才一技之长，一行一言之美，未尝不啧啧称道。囊中数千金随手散尽，爱人故也"（《淮安舟中寄舍弟墨》），就确有几分"怪"。

晚清宣鼎的传奇小说集《夜雨秋灯录》卷一《雅赚》一篇，写郑板桥的轶事（或许纯属虚构），很有风致。小说的大意是：郑板桥书画精妙，卓然大家。扬州商人，率以得板桥书画为荣。唯商人某甲，赋性俗鄙，虽出大价钱，而板桥决不为他挥毫。一天，板桥出游，见小村落间有茅屋数椽，花柳参差，四无邻居，板上一联云："逃出刘伶禅外住，喜向苏髯腹内居。"匾额是"怪叟行窝"。这正对板桥的口味。再看庭中，笼鸟盆鱼与花卉芭蕉相掩映，室内陈列笔砚琴剑，环境优雅，洁无纤尘。这更让板桥高兴。良久，主人出，仪容潇洒，慷慨健谈，自称"怪叟"。鼓琴一曲，音调清越；醉后舞剑，顿挫屈蟠，不减公孙大娘弟子。"怪叟"的高士风度，令板桥为之倾倒。此后，板桥一再造访"怪叟"，"怪叟"则渐谈诗词而不及书画，板桥技痒难熬，自请挥毫，顷刻十余帧，一一题款。这位"怪叟"，其实就是板桥格外厌恶的那位俗商。他终于"赚"得了板桥的书画真迹。

《雅赚》写某甲骗板桥。"赚"即是"骗"，却又冠以"雅"

字，此中大有深意。《雅赚》的结尾说："人道某甲赚本桥，余道板桥赚某甲。"说得妙极了！表面上看，某甲之设骗局，布置停当，处处搔着板桥痒处，遂使板桥上当；深一层看，板桥好雅厌俗，某甲不得不以高雅相应，气质渐变，其实是接受了板桥的生活情调。板桥不动声色地改变了某甲，故曰："板桥赚某甲。"

在我们的生活中，其实也有类似于"板桥赚某甲"的情形。比如，一些囊中饱满的人，他们原本不喜欢读书，但后来大都有了令人羡慕的藏书：二十四史、汉译名著、国学经典，等等。每当见到这种情形，我就为天下读书人感到得意："君子固穷"，却不必模仿有钱人的做派，倒是这些有钱人要模仿读书人的做派，还有比这更令读书人开心的事吗？

"雅趣小品"的意义也可以从这一角度加以说明：它是读书人经营高雅生活的经验之谈，也是读书人用来开化有钱人的教材。这个开化有钱人的过程，可名之为"雅赚"。

陈文新

二〇一7.9 于武汉大学

雅趣小书

博戏录

目录

博戏录

雅趣小书

译文

博戏录

原文

博戏录

雅趣小书

导 读

博弈，自古以来作为一种游戏，亦被称为"博戏"。
历朝历代，都曾流行不同形式的博戏。如六博、塞戏、弹棋、
樗蒲、双陆等，本书所选的"打马""马吊""樗蒲"①"除
红"等，只是众多博戏中的一隅。金学诗的《牧猪闲话》
中列举了众多古代博戏，名目虽多，其实也难以言尽其详。
关于博戏，程大昌有过如下定义：

博之流为樗蒲，为握槊，为呼博，为酒令，体制虽不
全同，而行塞胜负取决于投，则一理也。②

可谓道出了"博戏"的一般本质，即取决于"投"——
他们都离不开"投骰"这一手段。简单定义之："凡以箸、

【注释】

① 樗蒲：古代有写作"摴蒱"，今全书统一成"樗蒲"，以便阅读。

② 宋·程大昌撰《演繁露》卷六《投五木琼橬玖骰》，文渊阁四库本。

凭、琼、骰等投子为行棋、胜负手段的游戏，统称为博戏"[2]。多样而缤纷的博戏名目，显示了我国古代人民丰富多彩的休闲娱乐生活，亦是社会和文化大环境的一面镜子，从中折射出古人五光十色的闲憩世界。但是对于博弈，古人的评价终究不过是一种"小道"，嗤之为"奇技淫巧"，"牧猪奴"之戏，时刻警惕玩者不要嗜之成癖、消磨志向、耽误大事，这也反映出博戏的消极影响。然而另一方面，博戏也有其可取之处。它是一种相当复杂的逻辑思维游戏，带着传统文化和术数成果的深刻烙印，具有益智、悦心、怡情、会友等功能，游戏的喜好也符合人类的自然本性。正确对待博戏的双重影响，发挥其积极的作用而引导和规避其不良的功能，也是我们今天读古人书需要客观对待之处。

【注释】

① 宋会群、苗雪兰：《中国博弈文化史》，北京：社会科学文献出版社，2010，第62页。

一、李清照《打马图经》

"打马"主题作品为李清照于宋绍兴四年（1134）避地金华时所作。

绍兴四年秋，金国纠合伪齐刘豫，发兵南侵。九月，敌军渡淮，十月进犯滁州，围攻亳州、濠州、承州等地。因此，南宋首都临安岌岌可危，朝野震荡。李清照《打马图经》序对这种状况描述道：

今年冬十月朔，闻淮上警报，江浙之人，自东走西，自南走北，居山林者谋入城市，居城市者谋入山林，旁午络绎，莫不失所。

于此危急之时，李清照也不得不离开临安：

自临安沂流，涉严滩之险，抵金华，卜居陈氏第。

另一方面，正当金兵准备大举南下之时，金国将领听闻金太宗完颜晟病重，于是大举撤兵，急于回朝商定王位继承人。这就是说，金太宗的病危迫使金人此次南侵很快结束，南宋危机得以暂时缓和。李清照听闻此讯，"乍释舟楫而见轩窗，意颇适然……于是博弈之事讲矣。"这便是"打马"主题作品创作之所由。

具体来说，"打马"主题作品包括：

（一）《打马图经》序。《图经》部分今佚。此序在评价各种博戏之后，着重介绍了自创"命辞打马"的经过与缘由。全文夹叙夹议，既有社会面貌的特定描写，又有个人心理的自然流露，和谐自然，舒卷自如。

（二）《打马图经》命辞。这是李清照依据《打马图经》对"打马"基本规则所作的阐释和论述。"取其赏罚互度，每事作数语，随事附见"，凡十三则，杂于《打马图经》各项条例之中，论皆骈语，颇为工雅。

（三）《打马赋》。此赋特意将"打马"与现实军事谋略相连，故虽名"打马"，实为发抒拳拳爱国之意。"木兰横戈好女子，老矣不复志千里，但愿相将过淮水。"恢复中原之志，彰彰明矣。

"打马"作为一种博弈游戏，自宋代以后，逐渐失传。

因此，我们对于"打马"的游戏规则及具体操作过程仍有诸多疑点，不能复原当日之旧。

必须说明，李清照以"打马"为喻，表露忧国忧民的热烈情感，抒发"巾帼不让须眉"宏大气魄，至今仍是满卷皆然，铿锵有力。"洵闺房之雅制，小道之巨观"是也。清人李汉章《题李易安〈打马图〉》：

国破家亡感慨多，中兴汗马久蹉跎。可怜淮水终难渡，遗恨还同说过河。

南渡偷安王气孤，争先一局已全输。庙堂只有和戎策，惭愧深闺《打马图》。[1]

这是深得易安精义的。

【注释】

[1] 李汉章《黄壁山人诗集·题李易安〈打马图〉》，转引自中华书局上海编辑所编《李清照集》，第307页。

二、程大昌《樗蒲经略》

骰作为一种博具，规定了齿采和骰面点数的关系，是一种非常重要的游戏媒介。骰的诞生，大大促进了中国古代博戏向前发展的进程。最初的骰，如塞戏、六博等游戏中的著，以木片为之，后来发展到樗蒲游戏中的五木，后来又有多面体形状的琼，一直到了唐代，骰已经大量应用于各类博戏。程大昌的《樗蒲经略》论述了樗蒲这一古老的博戏，其中亦对骰的产生进行了追述。

樗蒲，是一种历史相当久远的游戏。或称"五木"。最晚东汉时期便已经产生。以五片投子行采，有棋盘、有棋子。棋子称之为"马"，为"矢"。其具体打法如何，已不可考。能大体推断出的情形是，"马"是双方互相攻取的目标，矢子数量众多，在棋盘上排列有阵，形同现实的兵阵，故云"矢法卒数"。五木是投掷工具，"杯"是专供五木投掷的一个盆。东汉马融有《樗蒲赋》，以华美的文辞，对樗蒲中的种种要素进行了美饰和夸耀，可以参考。

程大昌在《樗蒲经略》中，将五木和骰这一线的历史一直追溯到列子的时代。认为周时，中国游戏里便已经有了"琼"。但也不排除这是以玉比其质地温润，因而同后世的"琼"并非一物。他还在此文中订正了五木齿采的图谱。此谱说法虽然有诸多错误，然而对于樗蒲游戏玩法的澄清亦具有一定的参考价值。五木的齿采中，最强者为"卢"，次曰"雉"，不同的齿采有不同的步数（古人称之为"荚"），马则以步数行棋。遇到关隘险难处须万分小心。总体来说，五木樗蒲游戏在中国古代博戏中，尚属于早期阶段发展的骰戏。它所用的五木，虽然不同于后世的正六面体"骰"，但毕竟已经开启了投掷博具、规定步数、对应齿采的先河。在后世的许多游戏如双陆、彩选等博戏中，我们都可以看到樗蒲的影响。

三、冯梦龙《牌经十三篇》《马吊脚例》

马吊是明末至清代盛行于中国城市和乡村的一种纸牌游戏。纸牌游戏在中国最早出现时，称为"叶子戏""叶子格"，产生的时间可以追溯至唐代。欧阳修《归田录》中说：

唐人藏书皆作卷轴，其后有叶子，其制似今策子。凡文字有备检用者，卷轴难数舒卷，故以叶子写之。[1]

这种叶子折叠成一张纸条，如在其上画图形，按折痕剪开，即为纸牌。叶子纸牌上画的内容随时代不同，唐宋多画升官、选仙图，明清则改为水浒人物。这种叶子纸牌，便是马吊牌。

从马吊牌的形制可以推断其打法，但具体的方法，没有一种被完整记录下来。由本篇《博戏录》所选冯梦龙《牌经十三篇》和《马吊脚例》，仅可推断出其大致轮廓。牌分为四门：文钱门、索子门（一索为一贯）、万字门（万贯）、十字门（十万贯）。每一门的牌张数不一，大小亦不一；四门互相制约，十字胜万字，万字胜索子，索子胜文钱。以万万贯最大，九文最小。凡此种种，在《牌经十三篇》和《马吊脚例》中均有论述。

马吊在不断发展的过程中，又根据不同门、牌的色样

【注释】

[1] 宋·欧阳修撰《归田录》卷下，文渊阁四库全书本。

搭配增加了更多的名目，打法越来越复杂。马吊牌对于运智斗巧的要求也越来越高，牌的大小不再是关键，"藏盈出虚""善算乘时""善识善记""喜愠勿形"等等战略从多方面将马吊之法打造成十分复杂的游戏技术。既讲究运气，又要运用智力、心理、气氛等。正是这种复杂的打法对智力提出的全面要求，使得马吊具有了十分丰富的文化意蕴。黎遂球在《运掌经》中赞道：

思深于围棋，旨幽于射覆，义取于藏钩，乐匹于斗草，致恬于枭卢抛掷……英雄之事，不乞怜于人，不借幸于天，不为窃行，不以侮愚，磊磊落落，得计者昌。[1]

马吊思虑幽深复杂，又颇为有物得趣，又不似其余体育运动消耗体力，相对来说恬静安然，应当是古代非常富有特色的复杂博戏。

【注释】

[1] 明·黎遂球撰《运掌经》，元·陶宗仪等编《说郛三种》十《说郛续》，上海古籍出版社，1988，第1843—1845页。

四、金学诗《牧猪闲话》

上述种种，在金学诗的《牧猪闲话》中皆有提及。这是一部较有篇幅的小范围谈论博戏的文章，分为数个部分，各自论述了骰戏、纸牌、骨牌、马吊、象棋、拽子、压宝、筹马等博戏，其中不乏精彩的见解。对研究中国古代历史上这些流行的博戏具有重要的参考价值。除了具体到个别游戏，《牧猪闲话》还纵向论述了这些游戏中通用的博具。如它们共同所需的工具——骰子的演变发展；众多游戏中棋局的设置道理——局道的变化，并一一分析比较，旁征博引、爬疏罗列，可以看出作者对它们的了解颇深。用心虽小，然而可资借鉴者多，便不简单。

在"花赌"中，作者批判了妓院闺房等处，女性和男性夹杂豪赌的场面，认为这种博戏败坏社会风俗；"抽头"一章，举出了设局供场的庄家，按比率提取赢家钱财的做法，谓之"抽头"，更是表明了博戏中暗藏的利益链条。众多随大赌徒跟注的人，不过如蝼蚁，其胜负系于一人之手，而背后的庄家则是永远的胜利者。这种看似公平的游戏的另一面，是不公和特权。作者的言辞虽微，但亦可以看出作者对博戏所持的审慎态度。在《角戏宜忌》里，作者列出了适宜和不适宜博戏的诸种情况，其中已经蕴含了作者对博戏的看法，即理性、节制，怡心、快意，打发消闲便可，但万万不能荒废正业。

　　本书所选李清照《打马图经》以《粤雅堂丛书》本为底本，参考黄墨谷《重辑李清照集》、王仲闻《李清照集校注》、徐培均《李清照集笺注》；程大昌《樗蒲经略》。以四库全书本陶宗仪《说郛》卷一百二所载为底本；冯梦龙《牌经十三篇》《马吊脚例》以江苏古籍出版社本《冯梦龙全集》（魏同贤主编，王克禄、陈祥华校点）为底本，参考马松源主编《冯梦龙全书》，注释和翻译部分参考了《俗文化四书五经》（谭属春、严昌注译）；金学诗《牧猪闲话》录自新文丰出版公司《丛书集成续编》第一百零二册艺术类；一一点校，个别古今异体字，笔画太过繁琐者，亦予以近体字代替，希望不会造成读者误解。

李诗君

2018.5

博戏录

译文

雅趣小书

雅趣小书

《打马图经》序

　　人若聪慧，思路就会通畅；思路通畅，就没有什么不知道的。如果专心，造诣就会精深，那么就会通晓所有的奥妙。所以像庖丁解牛、郢人拿大斧头砍去鼻梁上的灰尘、师旷精妙的听力、离娄敏锐的视力，大到尧舜的仁德和桀纣的残暴，小到以绿豆弹苍蝇、用帽带打棋子，都能达到很高的境界。这是为什么呢？因为洞晓其中的奥妙罢了。

　　后世大多数人，不只是学圣人之道学不到家，连游戏之事，也只是得其大略就止步不前了。博戏没有别的诀窍，就是找到争先的法门而已，故而只有专心致志的人才能学得好。我天性喜欢博戏，只要是博戏我就会沉迷其中，每每废寝忘食、不计昼夜。我赌了一辈子，不论多少，每赌必赢，这是为何？不过是因为我精通其道罢了。

　　自从南渡以来，流离失所，博戏的工具都丢失了，所以就玩得少了，可是心里从未忘记！今年十月初，听到淮河上传来金兵进攻的警报，江浙一带的人们，争相逃命。东边的往西边逃，南边的往北边逃，住在城里的逃往乡下，住在乡下的逃往城里，流离失所之人，络绎不绝。

　　我从临安逆流而上，经过严陵濑之险，抵达金华，暂住在一家姓陈的人家里。辗转迁徙，临窗自得，心中如释重负。长夜烛明，如何打发这样美好的晚上呢？于是便开始讲习博戏了。

长行、叶子、博塞、弹棋，现已失传。打揭、大小猪窝、族鬼、胡画、数仓、赌快之类，都是俚俗之人所玩，也不常见。藏酒、樗蒲、双蹙融，如今也渐趋荒废。选仙、加减、插关火，质朴鲁钝，只凭运气，无法施展智慧。大小象戏、弈棋，又只能两人玩。采选、打马，专为闺房中雅致的游戏。遗憾的是，采选太过繁杂，翻检起来不方便，所以会玩的人少，很难遇到对手。打马倒是简洁，可惜没有什么花样。

世传打马有两种玩法：一种是一将十马，叫"关西马"；一种是没有将，二十马，叫"依经马"。流行很久，各有图谱和规矩可以参考，但其中行移赏罚的规则各不相同。宣和年间，有人将两种玩法加以综合，增加了运气的成分，使传统的理念荡然无存，这就是所谓的"宣和马"。

我特别喜欢"依经马"，于是研究其赏罚规则，为每条规则写几句话，附在后面，使子侄辈们将它作为游戏标准。不仅对博戏之人有用，对于好事者来说，也很有趣。

　　并且千万世以后的人们都会知道，"命辞打马"这种玩法，是李易安发明创造的。

　　绍兴四年十一月二十四日，易安室序。

打马赋

　　我素来专心博戏，为之废寝忘食。南渡金华之后，迁居陈氏宅邸，讲论、演习博戏，于是写下这篇《依经打马赋》：

　　时光流逝，曾经也在博戏中高声唤"卢"。一掷千金，下注百万。在布置食物餐具过程中，主宾行礼谦让；欢宴之后，主宾皆醉，便来玩玩下棋掷采的游戏！如今，打马游戏开始流行，樗蒲游戏便随之废弃。（虽说博戏是末技）亦不失为末技中的上流游戏，女子闺房之中的高雅游戏。以棋为马，如同周穆王乘八骏拜访西王母，可谓一日万里；棋子不同颜色各自列队，就像杨氏姊妹五人的扈从一样各家各着一色衣服。棋子相击发出"珊珊"的声音，就像上马时玉镫的声响；马队像天上的群星那样布列，如同相连的铜钱。

　　行马如同吴江枫叶飘落，燕山乱飞的叶子一般没有头绪，当如退居玉门关内，养精蓄锐以待战机。棋子受阻，满盘凄凉。在困境中采取灵活的战术，出奇制胜，如同昆阳之战刘秀战胜王莽；有时又须从容不迫、依靠正义，消灭对方，类似涿鹿之战中黄帝大败蚩尤。有时品格声望很高，也可能像庾翼那样，本来胜算在握，却因一着不慎而致误。有时向来无闻，就像王湛那样起初被侮称为"痴叔"，一旦才能被发现，便会令人感到惊奇。

"马"在无路可走时，可以慢慢地退回来，伺机再战；时机有利时，"马"应昂昂如千里之驹，勇往直前，迅速占领敌人的地盘；有时在鸟道上，也要冒险飞过；有时则要善于隐蔽，就像蚂蚁用土封上穴口。善弈者，与王良、造父那样的善御者一样重要，离开了他们，纵有千军万马，也如同行进在崎岖陡峭的山坡上，寸步难行。博戏之中，虽不同实战那般地有丘壑、天有白云，但同样需要胸怀大志、挥鞭策马，先人一步，一心争胜。这样，棋盘上的赌资才能为你所有。所掷骰子有五十六采，行马共计九十一路。棋局之中，赏罚分明，时时需要考察如何获得最大利益。胸中仔细筹谋，方能破解对方布局，夺得胜利。

好胜之心，人皆有之。博弈虽说有趣，但也只是小道末技。它就像"说梅止渴"和"画饼充饥"一样，对于"奔竞之心"和"腾驶之志"，稍有慰藉而已。为了吃掉对方一子，明知难以达到目的，也不改变"图实效"的欲望；为了报答让"子"之恩，明明看准了机会，可以将对方一军，却率先退让了。在向敌人进击的过程中，本应衔枚不语，迂回接近对方，等叠成十马，才能顺利过关，否则将适得其反；假如自恃勇气有余，一味争先，没有觉悟到可能掉进对方设置的陷阱和壕沟，这些都是不知适可而止，将咎由自取。打马之人必须牢记遵守打马的规则，时时保持警戒防备之心。

　　总之：像拓跋焘之流的侵略者不久就会败亡，贵贱之人都在逃难。满目皆是良马，时局危难岂能如是？木兰这样的好女子和勇敢的老英雄，其志在千里之外的战场上，但愿能随他们渡过淮水回到家乡。

打马图经命辞

铺盆

凡是设局，二到五人，每人将赌资放在盆中，临时商量，放多放少自愿。但是参赛的人数不能超过五个，（因为）人多就会造成本采交错，太喧闹。词曰：

既已设局，就不要担心输钱。恭请大家下出此局的赌资。如若输了，便依照既定规则受罚；如若赢了，也不要得意忘形。凡是不依照既定规则吵闹之人，罚金十帖。

本采

凡是第一掷，称为本采。如果掷下赏罚色，便不认为是本采。词曰：

打马比赛开始之时，记下参赛之人；一局结束之后，自愿选择是否接着来下一局。参赛之人皆当有始有终，不偏私、不结党。

下马

一局共计二十马，全用犀牛角、象牙等刻成，每个上面刻上马文，并刻马名以示区别。或者依照大钱样铸成铜钱，以钱文作为区别特征。并且，每一子都需染上黑白两色。词曰：

多劳则多得，注大则利大。有时相遇吃掉对方的马，有时若干马并行。古有君上以乘马赏赐臣下，秦穆公后悔赦免孟明视，然后以左骖相赠便是一例。取胜越多，回报越大，自行取赏，他人又岂能干涉。

行马之一

马局共计十一窝，遇到对方的马进窝则不能打，并需赏一掷。词曰：

九是阳数，因此以九立窝，以备屯驻。窝乃险途，因此入窝就应当有赏赐。一方面能够以险据守，发挥以一当千的作用；另一方面也能以寡敌众，夺取胜利。因此，遇人入窝，便应退守，以作防备。

行马之二

　　总计叠成十马，才能通过函谷关。十马先过，然后剩
下的马不论多少都可通过。自从进入函谷关，那么少马不
能超越别人多马。词曰：

　　行百里者半九十，你可知末路之难？在棋局中，各方
的马都呈争先恐后之态，但也有在半途中便停止前进的情
况。如果能够叠成十马先过函谷关，剩余的马便可依次进
入。既然过了函谷关，便有一定的奖赏，依照打马规则，
可倒半盆。

行马之三

凡是叠足二十马到飞龙院，散采不能前行，直到自己掷出真本采、堂印、碧油、雁行儿、拍板儿、满盆星诸赏采等，或者别人掷出自家真本采，上次掷罚采，才允许通过。词曰：

万马无声，估计是皆已衔枚。千蹄不动，全部严阵以待。如果能够掷下碧油、堂印、雁行儿、真本采、拍板儿、满盆星等，（便可通行）。或者让人受罚，或者自己得赏。游戏结束之时，自己已赢得不少赌资。古语说：别人之材减少，自己则增多。有始有终，都有得胜的机会，无需因一次输赢后悔。

打马之一

凡是多马遇到少马，点数相及，便可将其打去。马数相同，也可打去，等待方便时再下。词曰：

寡不敌众，有谁能够阻挡；有成功也有失败，又有何怨恨？有时虽然暂且得利而旋即受创，有时虽然一时失败，随即又得大胜。如若想要得胜，便应有屡败屡战的勇气，自行图谋，随时投入新的战局。

打马之二

凡是打去别人全垛的马，倒半盆。被人战胜出局，如果愿意再来也是允许的。词曰：

赵帜皆张，四面楚歌。取得胜利，便在此一战。失利的同伴相互间抱怨，怎能齐心协力？既然势弱难胜，便当奉上赌资。既已战败，便请退出。

打马之三

被打去全马，愿意再来的，词曰：

功亏一篑，败此垂成。此前历经艰险，谁料一步走错，满盘皆输。可惜全局的马都被打去，前功尽弃。但是向来玩此，愿意再来一局。虽然此局战败，但愿在新的一局取得胜利。

倒行

凡是遇到打马、叠马、入窝等情况，都允许倒行。词曰：

希望打去别人的马，希望据险自守。后面有马前进，前面的马有所回顾。既然想要取得胜利，倒行退守又有何害？古语有云：为达目的，可以变通行事。

入夹

凡是遇到飞龙院、下三路、散采不允许通行。遇到夹采，允许通过。词曰：

往古晋襄公依靠二陵战胜秦国，李存勖依靠夹城大败梁军，祸福相依，谁又能料？参赛者应自勉才能取胜。

落堑

凡是尚乘局，下一路称为堑，不能行走也不能打马，虽然后面有马来也是如此。落堑称为同处患难，等到自己掷下浑花赏采、真本采、傍本采，别人掷下自家真本采、傍本采，上次掷罚采，下次掷真傍撞方，方能允许原来落堑之马飞出来。全部飞出为倒盆，每飞一匹，赏一帖。词曰：

面临危险，面色恐惧，便思离开。行马遇到埋伏，才惊讶自己掉入堑中。开始如同项羽之骓，担心无可挽救；（待你自掷诸采），便可如刘备的的卢，飞出堑中。如果落马飞出，则应当表彰，依照既定规则，倒半盆。

倒盆

凡是十马先到函谷关，倒半盆；打去人全马，倒半盆。全马先到尚乘局为细满，倒两盆；遇尚乘局为粗满，倒一盆。落堑的马全部飞出，同粗满一样，倒一盆。词曰：

经过一番险境，自己的良马全都凯旋。不用再挥鞭前进了！良马未死，尤当报主。老马伏枥，胸中依旧有万里之志。国家求贤，不惜重金。定收老马，欲取奇马。既赠以良马，定当有所回报。如愿再战，希望取得来日胜利。

樗蒲经略

投五木琼橇玖骰

博戏之流的游戏，有樗蒲、握槊、呼博、酒令等等。它们的体制规则虽然并不完全相同，但是在行棋、止棋、比拼输赢取决于投骰这一点上，它们都是出于同一个道理。蔡泽游说范雎时说："博这种游戏，有时是很大的投骰赌注。"班固在《奕指》中说："博，结果悬于投骰的行动，并不一定在如何行棋。"投，是投掷的意思。桓玄说："刘毅玩樗蒲游戏，投掷一次便是几百万的赌注。"这些都是用投掷来谈论、命名博戏的。

古代樗蒲游戏砍取木材成为博子，一套博戏的用具共有五枚博子，因此称之为五木。后世转而用石头、玉器、象牙、骨头来制作博子。因此《列子》说"投琼"，唐代《律文疏议》说"出玖"，凡是"琼"和"玖"，都是玉的名字。大概之所以称之为"蒲"，是为了借美好的名字来命名，并不一定真的是使用了玉器作为材料。

《太平御览》记载：繁钦《威仪箴》上说："如果有

退朝回家，休息歇卧闲居家中，操弄下棋，樗蒲游戏，虽然字面意思并不能完全概括真正意义，但它们都是以追求胜负作为目标的。"注解说："樬，读音瞿营反，是博戏的博子的意思。"樬的读音和"琼"相同，它的文字偏旁仍旧从属木字旁，因此我们可知它最初的形制，本是以木材作为质料的。到了唐代，则将骨头镂空出孔隙，在上面涂抹上朱红色的颜料，以朱红色点的不同数目作为赌博的采数。

也有别出心裁想出巧妙主意的，取用相思豆的红豆子，收纳放置在骨头的孔隙之中，让它的颜色鲜明显现而容易被人看见。因此温庭筠的艳词说："玲珑骰子安红豆，入骨相思知也无。"凡是这两种，都是现今通称的"骰子"，本书中称之为"投"，后来转而称为"头"。《北史》中说周文帝命令丞郎投掷樗蒲头，即以前所说的"投"，从此转为"头"了。

头，总的意义都是"头颅"。自从镂刻骨头称为骰子之后，就不单单是五木游戏的旧时形制湮没无闻、不再流传了，而且字面上也直接转化为"骰"，不再是以前的"投"了。至于它的形制，又完全和使用木材时大不相同了。当五木的博子使用木头之时，它们的形状是五枚博子。两头尖锐，中间平整，形状像如今的杏仁。只有它的形状如此尖锐，才可以旋转跳跃；只有它中间平整，才可以镂刻采点。

凡是一枚博子，都有两面。其中的一面涂抹黑色，黑色面上画一只牛犊作为图形。牛犊，是牛的子女。博子的另一面涂抹白色，白色面上画雉鸡。雉鸡，就是野鸡。凡是投掷博子的，如果五枚博子都是黑色的，这样的采样称之为"卢"。卢，是黑色的意思，意为五枚博子都是黑色。五枚黑色博子全部出现，那么五只牛犊随之出现，由此就可以知道了。这种采样在樗蒲游戏之中是最高等级的。

将五木博子揉搓掌中，投掷而出，往往大声呼喝，以让博子呈现的结果变为最大的"卢"，因此也称之为"呼卢"。其次的情况是五枚博子中有四枚黑子和一枚白子，那么图形上便是四只牛犊而只有一只雉鸡，这样的结果的采名叫做"雉"。把它和"卢"相对比，则要低一等。从这往下论及，博子的黑色和白色相互杂糅，每种结果变化都不相同。

因此有的采样叫做"枭"，便是邓艾所说的"六博游戏掷出枭棋的，便获得胜利"；有的叫做"犍"，意为五木游戏每投掷多次便有可能得到"犍"，并非是投掷的人无法掷出这样的结果，（只不过投掷的次数不够多。）凡是像这样的种种采名，《樗蒲经》虽然曾一一记载，然而经过反复推理查究，它们多半都是驳杂而不合逻辑的。

至于骰子的形制，我们已经知道它承袭自五木游戏。然而详略大体上也不尽相同。五木游戏中的博子只有两面，而骰子则有六面。因此骰子上每面刻画齿点，从一点到六点不等，对应的采数也越来越多。大体上说，则是将五木博子裁切，两头尖锐的形状拉长为方形。既有六个面，也刻画着六种齿数，不像五木博子只有黑白两面。

五木博子的形制，到了晋代仍旧使用木材。然而《列子》中已经说到了"投琼"，那么就意味着周代末年已经曾改用玉作为材料了。或者说形制依然同五木一样，但是质料已经开始使用玉石了。现在蜀地编织的绫罗，它上面的花纹有两条尾巴，尖细瘦削，中间比较宽阔平整。这种纹饰既不像花草，也不是某种禽兽，因此便命名为"樗蒲"，这难道是古代樗蒲的形制流传到织布业，而至今尚留存于世的证据吗？

采

采，本来是色彩、花纹的"采"，是指的颜色和纹饰。比如黑色、白色以颜色区分，雉鸡、牛犊以物类区分，都是一种采。投掷博子得到何种色样，其中与规定的齿采相符合的获得胜利，因此命名为"采"。现如今俗语说那些凡是小事但有幸得到利益的，都用"采"来为其命名，它这种意义的运用大概从这里开始。这正是班固所讥讽的胜利的结果"悬于投掷"，而不属于那些有品德的人。

《齐书》记载：李安民和明帝玩樗蒲，连掷五次都是卢棋。明帝大惊说："爱卿脸型方正如田亩，这是将要被封为王侯的面相。"这是说李安民投掷五木而得隽，并不是因为一时的幸运才投中的。这是说他的面相有福气。后周王思政在同州和太祖玩樗蒲，太祖用随身携带的宝带作为筹码，约定谁投出卢棋，便将宝带送给他。王思政收敛仪容，下跪起誓，希望能投得卢棋，后来果然得到了卢。

还有《北史》记载：梁朝皇帝萧察曾经献上玛瑙钟，周文帝手执着它对丞郎说："能投掷樗蒲骰子得到卢棋的，便将这口钟送给他。"后来经过许多人投掷，都不能得到卢。等轮到薛端，他就执着樗蒲骰子说："臣投掷樗蒲并非因为这口钟宝贵，只是想要表露臣对陛下的忠诚而已。"连掷五次，都是黑色的卢棋。周文帝便将玛瑙钟送给了他。从这些例子上看，得隽并且以特定齿采（卢）来为其命名，这种规则由来已久。

卢雉

自从骰子出现之后，樗蒲这类尖锐而细长的博子便被束之高阁，废弃不用。凡是那些论及樗蒲的古书、古事，其中关于樗蒲的名目和采数便不能被人知晓了。虽然这并不是什么重大的事，但它缺失而不为人知，终究是令人遗憾的。《樗蒲经》这本书，作者根据他的见闻，为樗蒲游戏作书，有意追加补充樗蒲中那些缺失的规则名目。

然而古代樗蒲的细节，在史书中有记载且记述比较详细的，只有《晋书·刘毅传》最为典型。列举《樗蒲经》中的文字，来与《刘毅传》的记载相比较，那么就会发现《樗蒲经》的记载不能和《刘毅传》相吻合。因此我们可以知道，《樗蒲经》并不能正确传达樗蒲游戏的完整规则。

《晋书·刘毅传》说："刘毅在东府聚众玩樗蒲，投掷下注很高，一注达到数百万。其他的人都只能投得黑色的犊牌，悻悻而归。唯有刘裕和刘毅依次投掷得到了雉牌。刘毅非常高兴，（这里是说众人先于刘毅投掷，已经有投得犊牌的了，只是五木投掷的结果没有到纯粹的卢牌。后来轮到刘毅，便得到了雉牌。雉牌，是五木牌面四张黑色，一张白色的色样。四黑一白，这样的采名叫做"雉"。）

刘毅揭开衣裳绕着床走，对同座之人大叫道：'并不是我投不出卢牌，只是因为我不是专门从事投掷樗蒲这类事罢了。'（雉牌次于卢牌，卢牌高于雉牌。雉牌高于其他齿采。既然没有得到卢而得到了雉，那便寄希望于其他人投掷的齿采比不上自己，因此有意夸耀说：'不是投不出卢牌，只是因为不专门投罢了。'）

刘裕觉得很反感，于是长久地摩挲着手中的五木博子，说：'老大哥我试试能不能为兄弟你投出来。'接着投出，四枚博子都是黑色，剩下一枚子旋转跳跃，还未停止。刘裕厉声呼喝，果然五枚牌最终成了卢。

（四枚博子都是黑色，余下一枚如果不是黑色，便必然是白色。如果又出现白色，便是四黑一百，齿采应当是雉。刘裕如果得到雉，便无法取胜刘毅。因此最后一子旋转未定时，刘裕之所以厉声呼喝，是为了让黑色的齿采出现。黑色的齿采出现之后，那便是五枚博子都是黑色，因此可以成为卢棋。卢棋出现，雉便自降一等，因此刘毅埋怨刘裕不肯将卢棋借给自己。）

刘毅感觉不是很愉快，说道：'我也知道老兄你不能因此就将这卢棋的运气借给我。'"

用《刘毅传》记载的内容来推求晋代樗蒲的齿数、采名，那么我之前的观点和它都是相符的。刘裕所得到的卢，是五枚博子的其中一面都是黑色，它们全都朝上显现出来。而五枚博子的另一面是白色，全都藏在下面。一上一下合计，那么五枚博子共有十面，一半是白色，一半是黑色，完整而没有缺失，而五木的齿数也与它相呼应协调，没有缺失和多余的情况。

从这种情况开始，黑白两面交相呼应，它们交杂的情况也随着齿采的不同而有不同的齿名，但不会有超出黑、白两面的情况。因此，樗蒲的齿采都有数可以数，所以也有图像可以根据齿采被描摹出来。这样，如今《樗蒲经》所描绘的白色、黑色，便有不可以推察比较得通的，它的失误在于错误地增添了纯白、纯黑两种颜色，因此它的说法和历史事实不相合。如今先将《樗蒲经》的旧图列出，然后再另外列出我整理出的新图，能容易让人明白便好。

　　按：《樗蒲经》旧图只有四木。四木，是四个博子，并不是一根木蔌的四角。古代的樗蒲博子都说的是五木。因此我们可以推知《樗蒲经》的图画是错误的。

　　如果以《晋书·刘毅传》为本来推求，那么五种黑色的博子的情况，五枚博子固然都是黑色，黑色上画的都是牛犊，没有纯黑色而不画牛犊的。五枚白色博子的情况，五枚博子都是白色，白色上画着雉鸡，没有纯白色而不画雉鸡形状的。于是合起来说，博子的阳面能显现出五个牛犊，那么它的阴面必然藏着五只雉鸡。

　　二五得十，五枚博子的十个面不多不少，推求都可以说得通。如今旧图中的五黑，其中三枚画着牛犊，其中二枚是纯黑，这样就说明五枚博子的十个面中有一半是纯黑色，另一半是黑色上画着牛犊，如此才可以符合数目。但不知道如果十面都是黑色，怎么还能有另一种白色从外而来，间杂在四枚黑色博子之中，可以命名为雉呢？

如果每枚博子都有四面，其中两面画着图形（黑色上画着牛犊，白色上画着雉鸡），另外两面不画图形（纯白的一面不画雉鸡，纯黑的一面不画牛犊），通过刘裕所投掷的情况来考察，四枚博子黑色已经显现，剩下的一枚博子的白色如果是纯然的白色，上面并没有画雉鸡的图形，那么这一种纯白而间杂五种黑色，凭什么叫做雉呢？像这样的情况都推理不通。所以如今另外作图，修正《樗蒲经》的错误，让史家执笔时能够明白其中的道理。

五白枭犍

　　杜甫在《今夕行》中说："意气风发的大呼大叫希望
能掷出五白棋，将上衣脱掉、光着脚但仍然无法得到枭棋
和卢棋。"考察这首诗的意旨文脉，它正好用的是刘毅那
件事的典故。但五枚白棋并不是樗蒲游戏中重视的齿采，
不知道杜甫依据的是什么呢？樗蒲家说，二白棋三黑棋叫
做犍棋。犍，是一种不太好的齿采。《太平御览》说"六
博投掷了五次"（是投得了卢棋），如果全是投得犍棋，
那么便是不可以做也不能做的一件事。因此我们可以知
道，犍是一种不好的齿采。

　　枭棋的别名非常多。邓艾说："玩六博得到枭棋的
人获得胜利。"这是因为邓艾的牙帐上有枭鸟鸣叫，姑且
想出这个借口来安定军心。《韩非子》上说："儒生为什
么不喜欢博弈？因为游戏中获胜的人一定要杀取枭棋，这
是由于枭棋是他们所看重的。儒者认为这有损于儒家之仁
义，因此不喜博弈。"据此看来，枭棋固然是一种好的齿
采，而杀取枭棋又应当得隽。因此枭的品级应当很低，不
能够和卢相提并论。杜甫将"枭卢"统称起来说，恐怕他
也并不知道这中间的道理。

牌经十三篇

第一篇　论品

　　未开始打牌斗智之前，要先打磨我们的牌品修养。打牌不要多言。昆山牌戏里，称牌为闭口的叶子戏。不要舞弊循机，比如认牌、偷牌和撒谎骗人都是如此。不要使气任性，不要玩物丧志，不要心存侥幸，不要暗中嫉妒。得牌不要骄傲，失牌不要吝惜。大败不要恋战，大胜不要趁火打劫，俗称"劫赌"。用这种态度争胜，君子以这种品德为美。

第二篇　论吊

　　谚语说："牌无大小，只要凑巧。"不凑巧合，不能吊牌。孤吊一张牌死，两张牌生，三张牌则吊死一张，四张牌可以吊死两张，五张牌可以吊死三张。想要取得别人的牌，必先给与；想要同时吃两人的牌，必先各自分别给与对方牌。先让出一桌，然后才可以吊牌。假张牌要先出，多留假张牌，那么吊牌便不会稳固。重张牌要先取得，只有重张牌才能获取，不然就会缺路。

　　如果得到利好则要赶快出牌。如果假张牌得利，那么敌人一定难于得"正本"，迅速出牌，他仍然会相让；如果等别的牌路已经打通，对方有了真张作为副将，一定不会相让。败了就要重新图划策略。如果出一张牌，即被敌方擒住，那么此牌路他一定还有，不宜再行此路。

　　如果牌势很好，那也不能将其用尽；一旦用尽，那靠什么制衡别人？擒敌不要太早，过早则索然无味。与其起庄，不如纵放使其结盟破散；与其苟活（比如没有"赏"牌，只得"正本"之类的情况），不如自死以与敌人同归于尽。

　　所以单牌有的凑出巧牌，比如有的虽然不能得到"正本”，却能仅凭一张牌而吊死庄家，这都是在闲家中尽了"忠"臣之道的情况。如果庄家遇到丑牌，也可以用这个方法来吊死闲家。

有的即使有五张牌也很拙笨。有时候五张牌与三张牌同样赢一吊，称之为"臭五桌"。这样看来，对于牌势的先、后，他人、自己之间的种种情况，怎能不审慎呢？

第三篇　论发

　　牌的生死、吊牌的多少，全依靠发牌。我发牌而出，那么对方才会向我来牌。因此小牌先发，大牌后发。小牌可以聚众作战，牌路虽小，但一路牌有多张，仍然可以与敌斗牌。如果决定权在底家，则可以用闲家之结盟之情与其联合。大牌切莫单独行动，如次赏、顶张这样的，单独一张又没有后继之牌，慎勿轻易发出，倘若触犯了敌人的锋芒，必定难有幸免。

　　如果没有足够的牌张却发牌，这样的不是穷牌就是有诈。若他人的牌路大而失真，又没有副张牌可发，这就是穷牌。虽然牌路为空，但也不得不发牌。如果别人的牌路本来有真的赏牌，却反而发出空牌路的，其目的在要吊你的牌。庄家往往用这种方法迷惑人。如果牌太小则按照底牌的样子发，这是没有办法的举动。谚语说：牌面太小照底牌发。大概是因为既然无关胜败大局，那么就按照底牌来发，听天由命；遇到这种情况不要误认为他还有什么大牌。

　　散家出的牌不要轻易忘记。散家所出的牌路，多有留下的牌张以待最后斗牌，千万不要忘记。庄家不要过于相信别人。发桌上已有之牌，不发未发出的牌，这是常理。但是如果是庄家发牌，就不能全信。牌只有一路则比较危险，只有一路并非占得头筹，未必能在斗牌中立稳，所以说凶险。有两路牌则比较稳妥，有三路就兴盛，有四路就四门齐全无忧了。

凶险就要急迫打牌，得利就应该快速上桌；稳妥就可以慢慢行牌（可以迟缓些）；兴盛就可以宽泛行牌（可对别人手下留情）；四路齐全就要猛烈攻牌，不迅猛进攻就不能多吊牌。简而言之，相机而行就可以了。即使是有智者，也不能改变我的这些话。

第四篇　论捉放

马吊牌的打法，是三个闲家同心，以进攻庄家一家。凡是决断取、舍之时，都必须权衡上、下家的利益，称之为上手、下手。如果庄家在上手，就应该纵牌而发；庄家在下手，就应该截牌。即使不能得到"正本"，也应该截牌。即所谓"单牌也有凑巧的情况"。如果牌面比较大，也可以不必如此。

对上下家的顶张牌不要担心会轻易放过，比如九万放八万、八万放七万之类的情况，只要上下家不是庄家，都可以放过。同张牌没有必要接连去捉。比如六万捉五万，五万捉四万之类，捉与不捉都一样。否则反而被折张，对庄家有利。

已经得到正本以后，千万不要求多，宁可自关牌路而制约庄家；有赏牌的那家，故意让一让又有何妨。谚语说："行牌要看赏牌的面子。"

第五篇　论门

打牌角斗有具体的分别吗？回答说："有。一门叫做正，二门称为佐，三门叫杂，有四门就不成牌了。每门牌的生与熟，要根据赏牌来定。已经出现赏牌的一门，就是熟路；没有出现赏牌的，不论是已经发出的牌，还是未发出的牌，统一称之为生路。

没有比生路更应该去除的牌。如果多留太多的生张牌，难免会惹来更多的生牌。没有比熟路更应该保存的牌。真生只喜欢重头，例如万字们属生牌，而八万、七万在手里，偶尔出其中一张，他人即使有九万，也未必能得利。

假的熟牌必须要防备缩脚。已经发牌，而没有看见出现赏牌的，叫假熟。这种牌路中的赏牌，不一定不会起牌，但难以得到正本。因此要缩在手里等待时机。如果大牌已经出尽，他方一定以一大牌、一小牌作为正本。

如果非要惹生不可，就宁可先发牌。因为如果虽然有两张赏牌，而没有小牌作为辅助，这样出牌后仍然必定会惹来生路牌；不如先出生路牌，而把赏牌藏起来，以便制衡他人。谋划能够料敌，才可以翻青。

如果交锋到第七张，本来有熟路牌不出，而突然出生牌，这叫做翻青。这种方法必须估料到这路牌，散家没有，而庄家有，从而出其不意令他困窘。简而言之，这种方法不能作为一般的法则而常常使用。经书上说："计划周密，就有可能取胜，计划得不够周密，就不会取得胜利，更何况不作周密的筹划呢？"

第六篇　论灭

擒敌贵在及时，灭牌也要讲究时序。太早叫做催张，是说催别人捉、灭牌。太迟叫做恋灭，是说对敌牌恋而不舍。催张就会对他人有利，先与他人灭牌，那么别人就会窥见我的虚实，这样一来是擒是纵就完全被他人操控了。如果庄家在下手，尤其忌讳如此。

恋灭是为了引诱别人。有时因为牌太小而擒他，不一定自己有；有时因为牌大而纵他，是担心被别人所截，故意拖延，以便窥探下手之人的有无。这是狡猾之计。即使有深远的谋划，也已经玷污了高雅的牌品。只有赏牌不分先后，不妨尽快灭牌。次赏给顶张，终究不符合打牌的惯例。

次赏给顶张，虽然只受一张牌的制约，然而比别人先灭，那么别人就窥得了自己的有无，因此宁愿拖后一点。至于听任别人争斗，比如对丑牌只有灭牌没有捉牌，懒于应付别人，统一灭掉牌，而听任其余三家自相争斗，这种做法如同向敌人投降一样是很耻辱的。招致欺侮和耻辱，是君子应当戒备的。

第七篇　论留

正本的艰难之处，要属留张最甚。生路牌不要留大牌，熟路牌不要留小牌。真的极牌比假的赏牌要强。经过交锋的熟路，极牌有时是真张。如果是生路牌，即使是次赏，也不一定他人没有留正赏。存两路不如守一路。如果别的牌路不是真的，留着也没有什么用处，不如单守一路，幸运的话还可以遇见来牌。然而，如果受到的牵制太多，即使是熟牌也可能招致失败；如果能够出其不意，生牌也许也能建功。因此全在一时的权衡和凑巧罢了。

第八篇　论隐

　　大凡是牌分到手中之后，喜怒不要表现在脸上。诡谲之徒往往喜怒颠倒，终究也容易被猜出来。有的牌盛却故意做出忧愁叹息的样子，有的牌衰却反而张扬喜气；虽然想要眩人耳目，终究难以逃脱善辨识的人的法眼。无声无味，才是博戏的最高境界。失利还没有到七张牌，不可以轻易弃牌；大好的牌势虽然已经走完，但锐气却好像才刚刚开始。受挫败而不衰颓，时间长了渐渐地越发整肃。即使算计他人的能力不足，但用来抵御敌人，也是绰绰有余的了。

第九篇 论忍

　　忍耐之道，可以割舍利益，而在艰难时能守正不移。没有赏牌的牌家，不要忙于得到正本。没有赏牌关系很小，即使得不到正本，也没有什么损伤。熟战的牌路不要急于上桌。熟路的牌没有来，如果急于上桌，就会少很多情趣了。宁可输一张牌，也不要让庄家起势；宁可少吊一家牌，也不要让庄家得到比张。最后一张牌假张的叫做比张，如果庄家先有一桌，那么也在此种，万一得到正本，为害不是小的。因此宁可少吊一家牌，也不要留假张来让庄家起势。这是万全的策略。

第十篇　论还

谚语说："末家牌，落得来。"这是说底家牌很有权力。第四家为底家，牌到了这里，是擒是纵都听从他的命令，因此他的权力最重。善于计算者，务求以底家制衡庄家，而不让庄家做底家。等到能够大家共享成功时，故意纵牌又有何妨呢？如果头家与底家牌路相同，大多放纵他，那么就可以各自吊一家牌了。

纵大牌者，必定有小牌作为回报；纵小牌者，大牌也会给与补偿。小牌屡屡得桌，明知道是纵我，那么即使是大牌也要还张。牌可以还，但不能抽（抽自己的牌来给别人看，示意他出这一路牌，叫做抽）。双张有尾巴，凡两张连续出的，一定有第三张牌出来。

两路牌没有头。凡是两路牌都求人的，一定会还后一路牌，称之为正本张。万一失信，就静静地等待。如果在神色中表现出来，这就是让自己困窘的下场。如果自己没有还张，误信他还会有而放纵他，只能静静地等待。如果在神色中表现出来，被他家察觉，谁还肯再冒犯我的锋芒呢？

第十一篇　论意

大凡是牌在别人手中时，虽然听不见看不见，但可以以意忖度之。先出示小牌者，牌路大多很长。凡是好牌，大多先出小牌，虽然是小牌，也屡屡得上桌，必定还有大牌在手中。使用大牌者，牌路每每都比较短。如果急于出掉大张、得正本，其余的牌什么样就可知了。被灭牌太快的，牌必定很丑。可以灭的牌太多，所以被灭得快。

急于捉牌者，牌的门路必定很窄。牌只有一路，难以得到正本，捉牌必定急切。可以欲擒故纵的，是在放饵引诱。知道对方的牌丑，姑且先让一桌，而一并吊死他。可纵却故意擒的，是发狠。比如手中有九万、七万，但不放过八万这样的情况，是害怕别人得上桌，而自己少一吊牌。

别人放饵引诱，就要尽快想办法。他既然放饵，那么他的牌一定很盛，我应当赶快筹划得到正本；别人对我发狠，我应当慢慢稳守。他有兼并我的意思，我如果谋划太急就必败无疑。藏起有余的牌而出空虚的牌，这是庄家的技巧。凡是庄家发牌，大多发自己没有的牌路，这是在布疑兵。他自己有的牌，反而藏起来，以便等待时机控制别人。放弃牌少的而使用牌多的，这是散家常用的手段。

牌张多则便于来往。先出大牌，后出小牌者，是贪求，要用小牌来还张；先出小牌后出大牌的，是试探，本来有大牌，恐怕触犯了敌人的锋芒，便先用小牌来试探。得到正本之后又惹生路，大多是想再打通这一路；已经正本之后又发生牌，手中必然有大牌，想要打通这一路牌，以便于擒敌。

只出大张，而不还张，必须认清这是关门。突然出大张却不还张，一定是重张，想要留起来关人，不愿意缺这一路牌。大牌公开灭除，一定还有副张。比如灭掉八万，一定还有七万。如果相信他的大牌已经被灭，一定会堕入他的圈套中了。

熟路牌忍心割让，一定全部都是正赏。赏牌不忍心抛弃，所以宁愿割让熟路牌，以求侥幸得利。散家迎接的，庄家就会回避。由此推想，就能考虑过半的情况了。

第十二篇　论损益

凡斗战之道，同等智力的人相角逐，才会呈现奇趣。选择大牌者愚蠢。不论生路熟路，但凡大牌都要留着，这不是正派的计策。预备多门牌的人，牌技拙笨。牌虽然有四门，但未必都要用到。如果每一路牌都要预备，反而会导致自己掣肘难顾。

贪恋赏牌的人，必定死得很快。如果是不可抛弃的熟路牌，宁可灭掉生路的赏牌；如果对其恋恋不舍，必然会让自己灭亡。贪图吊牌者，一定会让庄家起势（如惹了生牌、容庄家比张就是如此）。一个人运用智谋，能够庇护两家。如果有人缺少谋略，连累也不是小事。《论语》说："益者三友，损者三友。"说的就是这个道理啊。

第十三篇　论胜负

打牌的胜负，虽然微不足道，但是它的苗头还是能预见。如果丑牌得到利好，一定会有奇异的祥瑞。三次赏牌都不开，肯定不是什么好的兆头。庄家前面的牌各式各样，多半是凶兆。时机过后牌才来，足以推测其福分浅薄。开头赢难以保持下去，到最后胜才是全胜。否极泰来，牌穷到顶点才会迎来好运头，千万不要拘谨。

强盛过后忽然转衰，必须立即谨慎守住。至于洗牌有繁有简，拍牌有厚有薄，智慧灵巧之人，也多有变通。然而打牌的输赢，都有一定的气数在那里。

　　落庄未必是好事。落庄虽然便于出赏牌，然而谚语所说"三落庄，输的慌；落庄七，输的急"等话，有时也得到应验。位于第三家不一定不好。谚语说："好牌不落第三家。"当牌运兴隆之时，遇到蹇劣的牌也会逢凶化吉；当他气运用尽的时候，逢吉也会变凶。困顿与亨通之间的转化，一定不会有什么差错。

　　开有不同种类，有的单独开，有的对面开，有的并肩开，有的连三开；有的满场开，有的单开，有的双开，有的接手开（指庄前开人，但是临近庄家又自己开）；有的灭杀开（庄家前有赏牌，将其灭死，而庄家上反而开）；有的余气开（四家牌虽然已经通达，但庄家牌过于强盛，气势不一定马上断绝，还有余气）；有的代开（上手应该开却不开，或应大开却没有开尽，下手有希望代之而开）。

　　出注多少，随自己的意思裁定。时机到了而不乘势，与时机不对而强行索胜，两者都会导致失败的下场。

马吊脚例

缘起

四路牌中，唯有十字门是最多的。万万贯是正赏牌，千万次之，百万是盈满之数，不甘心与其他牌为伍，特别将其设置为一个赏格，用来卜测牌运消长变化。将百万尊为"百老"，不也很合适吗?

名目

得牌叫"上桌"，得二牌叫"正本"，多得牌叫"吊"，被吊不上正本叫"死"；无桌叫"赤脚"（两牌就像一双鞋，缺一不可）；独自赢一家叫"独吊"，共同赢一家叫"合吊"，两家分别赢叫"各吊"，四家都得到正本叫"四和气"。

百万叫"百老"，又叫"大公突"；九十叫"小公突"；五、六、八万，都叫"雌突"（因为它们都有双人突出）。百老上桌又得正本，叫"大活"；百老随便配一个雌突，叫"大活百突"。凡是有公突无雌突，有雌突无公突的，都不叫突。

只得到正本，百老不上桌的，叫"小活"，这种情况下百老随便配一个雌突的，叫"小活百突"；有百老但是既不上桌，也不能正本，叫"死百"；或者只能上桌不能正本，也叫"死百"；随便配一个雌突，叫"死百突"；九十随便配一个雌突，叫"小突"；百老，九十，五、六、八万俱全的，叫"全突大活"。

开散家各一注，叫"敲门"。四尊牌叫"赏"，四副尊叫"次赏"。赏上叫"活"，否则称"死"。四门中最小的四张牌叫"极"；无制叫"真"，有制叫"假"；取之叫"捉"，纵之叫"放"；纵而复来，叫"还"；故意纵，叫"让"；填之叫"灭"；第一次发牌叫"发"，后来发牌叫"出"；留下牌用来制人叫"关"。

买家叫"桩"，出注叫"冲"，如果是加注，就称作"加一冲、二冲"之类，赢筹叫"开"，先坐庄然后倒过来顺序叫"洗"，或者叫"清"，或者叫"溲"；将码好的牌堆从中间剖开叫"拍"，将牌堆散开分到四面叫"分"；散成四面的牌堆的开头和结尾叫"头""末"。

百、千、万都上桌，叫"三开"；百、千、万配上空文，叫"四红"；次赏上桌而底牌次张正好为正赏的，叫"假达"；八张牌都上桌的，叫"八桌全收"。

牌式

　　牌式必须依照官样。比如太仓卫前、昆山司马桥、苏州桃花坞，一齐被称为"牌薮"。纸牌的质地以夹青纯棉纸为上。像那种描画太细的被称为"小娘牌"；牌张狭小的称之为"轿夫牌"（如苏州葑门牌这类）；矮阔粗糙的牌张称为"孤老院牌"（如苏州唐家牌这类）；墨迹模糊难以辨认的称为"鬼牌"（江西多用这类）。这些牌都不要使用。

坐次拍散

牌桌以方形为贵。座位有四面。桌子上铺上毛毡，以防止污染损坏。或者用钱，或者用马子，多少都是随意的，派定在四个角上。别的客人用其他的博戏工具来自行玩乐，千万不要在桌前聚集围观，惹人生厌。四个角上的钱数定下来之后，先把牌分成四小堆，玩家拈起其中一堆，以拈起牌张的大小作为座次排列。

万万牌最尊，空文牌最小。然后再分牌、拈牌，来定下庄家。四人轮流坐庄，周而复始。只有大活牌可以留庄，特别好的赏牌牌面可以夺庄。庄家的上家洗牌，下家拍牌，然后散牌。

散牌的数法，从庄家的对家开始（因此马吊又名'四不闲'），数到四和八则轮到自己[①]，数到三和七轮到庄家，数到一、五、九从自己位置经过（庄家对家）。空文、百、千万都是这样数。每人八叶牌，一圈各分四圈，然后再轮一圈分完。

————————————【注释】————————————

① 此处的"自己"指散牌之家，即庄家的下家。下家散牌，从庄家对家开始为第一，次上家，再次庄家，第四才是下家。数到八，即如是两圈。

买注

四人共同商议注以多少起，最高以多少为止。即使是大败之后，也不得超过这个限额来图谋侥幸。

斗百老法

百老既然分为死、活，那么十字门中的位次就是虚位。如果百老不在手中，就不可以斗牌。千万是留守的牌，不是百老已经发出，也不可以斗牌。如果手中有千万和万万，又可以先出万万以先图谋最尊，留下千万来制约百老。如果这三路牌都已打完，十字门也都出完了，即使百老活了，也可以不代赔。

吊法

只有一牌上桌，输一吊；即使其他两牌都不上桌，也只输一吊。有三牌，赢一吊；即使有五牌也只赢一吊，这就是所谓的"臭五桌"。如果两人没有牌，另两人四桌，则各赢一吊；如果两人三桌，一人无牌，则分别赢一吊。

看赏

四尊叫"正赏"，其次的四副尊叫"次赏"。正赏在面，可以用次赏来代替。如果有拍出九万的，则可以用八万代替正赏。看赏用底牌上面第二叶牌。假如正好遇正赏，那么次赏就被称为"假达"，其他三人各罚一注。如果是预先灭死的，则不论赏。凡是看赏，必须得到上桌和正本。不上桌，或者即便上桌但不能正本的，都属于死赏，不与之论赏。

免斗

四极牌赢三家各一注，可以免斗；十字门的牌有五张的，可以免斗；其他三门的牌满六张的，也可以免斗。凡是遇见免斗的情况，都需要另外拈出庄家。

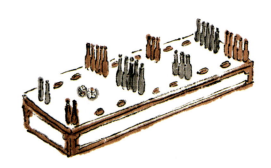

开注

赏一注：大活、敲门赏一注。四百赏一注。假达，三家各赢一注。四极赢牌，三家各赏一注。吊牌赏一注，小突赏一注。

小活赏二注。死百突赏二注。

大活赏三注，三开赏三注。

小活百突赏四注，四红赏四注。

大活百突赏六注。凡是突随着百老赢牌的，如同妻子以夫为贵。

八桌全收赏八注。七桌也称作"全收"，因为将别人全都打倒了。如果他人先得了一桌，以后再得七桌的则不算。

以上是庄家开散家，散家只能开庄家。遇到重复的注款就要重开。大活，则散家不敲庄家，庄家不敲散家。只有散家得大活，则可以敲其他两个散家。

如果牌有异常大的赏牌，其他三家一齐来贺。不管得赏者是当庄家还是不当庄家。四尊牌、四极牌都全的，贺八注。八红，贺六注。八红有百老的，贺七注。浑成（八张牌都属同一门）贺四注。十字门的牌出现浑成又有百老的，贺五注。全突贺五注。四尊牌贺四注。四尊牌有百老的贺五注。

以上皆以全吊论，贺过之后，不许重复角斗。只有百老之家可以免贺。

罚例

应该洗牌而不洗的，罚一注，仍然叫洗牌；不应洗牌误洗者，罚一注，改正。洗毕牌露出百老的，罚一注，另外拈出庄家。洗毕牌给错人的，罚一注，改正。拍牌露出百老的，罚一注，另外拈出庄家。分牌错误，但还没有偷看牌的，罚一注，改正。已经看见牌的，罚五注，给有百老的那家，免斗。（不管误多、误少，错分牌、没有数轮位次序就分牌的，都称之为"错"。）

分牌时，失手将牌翻转过来的，翻转之牌是白牌，罚一注；是红牌，罚二注；是赏牌，罚三注；是百老，罚四注。所罚的注给被翻转的牌所属的那家，只有当翻出百老之时另外拈牌定庄家。误出牌的罚二注，改正。误捉牌的，罚二注，灭牌。所出的牌不是赏牌，而越过次序灭牌，的罚二注。公开宣扬灭牌的，罚二注。（以上从"误出"到"公开宣扬灭牌"四则罚例，如果有涉及到其中一则的，都要代替被侵害的那家认领开数。）

偷看底牌的，罚二注。偷看他人灭牌的，罚二注。抽牌时左顾右看、东张西望或者公开声明的，罚五注。出十字门的千万来救活百老的，以及故意纵庄家牌救活赏牌的，在角斗中放低筹码对庄家手下留情的，都要代替被损害的人认领开数。（如果被侵害的玩家已经得到正本的则只认领一开，没有得到正本的认二开。救活散家的，只代替庄家认领。如果救活庄家的，则要代替其他三家认领。）

虽然千万是正赏牌，也不得以此为借口推辞，希望认领的人能听从此建议。误出至第二张牌的，举出，免斗；如果有百老和赏家牌举出，处罚与分错的罚例相同。多牌张和少牌张的，都不许捉。牌张多留的门路便多，未免作弊；如果是牌张少，那就直接算作已经被灭掉了，因此都不准捉。即使有赏牌，也没有例外。最后几张牌多的，不准留，因为这叫故意留最后的两张牌来观望牌局。

以上凡是受罚，一律全入官堆，等后来大活百才可以重新得回。如果有一牌没有大活，则每人加一子入官堆。

牧猪闲话（选译）

燕射礼中的投壶游戏，曾记载在《礼记》等经典上，这是古代圣贤在游戏娱乐中所推崇的。比这更次一等，凭借游戏的器具来角斗胜负的，这类游戏以围棋最为古老。到了今天仍然没有大的改变。

其他的比如博、握槊、双陆、长行、九胜局、樗蒲、打马、塞戏、格五、蹙触、弹棋、波罗塞戏、思维、儒棋、象戏、叶子牌、金叶格、金龙戏、旋棋、意钱（此外比如角觝，蹴鞠这样的游戏是比较气力角斗的，因此并不引用涉及），这些游戏或者名字不同而内容相近，或者同一名字而用处不同，都曾出现在史传和前人的诗赋、文集之中。而它们的玩法大多都没有流传下来。

这些都是能让人玩物丧志的，名流俊士只是偶尔涉猎，儒生们向来诟病它们，认为这是高雅之道所不推崇的。而且著述这些游戏的目录学家们，也统一地称呼它们为博戏、樗蒲，因为这些游戏不够庄重、偏于琐碎，作家们没有闲暇分析它们的源流、发展中的分化和融合。还有的人凭借自己的主观意念改变它们的规则，喜新厌旧，在

这些游戏中见到的那些不常见的词语称法，它们的古代的含义早已渐渐失去，这都是由来已久的。

在北窗漫长的白日中，我从睡梦里醒来，便用可以参考查阅到的书籍，证明和解释那些我所见到的游戏。那些古代存留而现在已经没有的，我难以臆断，因此不再赘述。古代没有而如今有的，我也把它们著录到了这其中。聊以供人们谈论诙谐时的谈资，阐发其他的寓意。希望这本书如果遇到像晋时运砖强身的陶侃那样的人，不要被他一看到就投入江中去呀！

骰子

骰子，用骨头制成，方形而有棱。六个面都被雕刻，每一面用点数标记，点数有一、二、三、四、五、六。唯独四点用朱红色，其余的都是墨黑色。骰子的器具，以最多六枚骰子为限，投掷在盆中，看骰子的旋转。古人所称的骰子，大抵都是指樗蒲游戏的博具。砍伐木材作为博子，数目有五枚，因此叫做"五木"。

《潜确类书》上说古人赌博掷骰用五枚博子，以木头作为材料。陈思王曹植创造了双陆游戏，用二枚博子，以骨头作为材料。博骰的制作材料一开始是木材，其后转而用石头、玉石、象牙或骨头（参见程大昌《樗蒲经略》）。到了唐代也用骨头了（程氏说，《列子》中提到了"投琼"，这说明周末已经开始用到玉作为博子的材料了。根据鲍宏的《博经》上记载的：所投掷的骰子，称之为"琼"，或许是借琼玉来形容木材的温润。李翱的《五木经》记载：骰子，用木材做成，如今则用象牙犀角。这可以成为唐代开始用骨头做骰子的证明）。然而此时骰子的形状尖锐而呈椭圆形，并不是四方的；它的形制是在周围涂抹画彩，而非镂刻点数；它只有两面，而不是六面。与如今的骰子大不相同（详细见下文引用的《樗蒲经略》）。如今的骰子，可能起源于陈思王曹植制作的两骰博子。

《声谱》上说，陈思王曹植制作了二枚骰子。到了唐代，产生了叶子戏，于是骰子增加到了六枚。这是一个证明。《唐书·艺文志》书目中记载有李郃的《骰子选格》三卷。李郃，字仲元，曾经做过贺州刺史。现在他的书没有流传下来。传下来的版本是房千里的，《骰子选格》此书不知是否就是他写的？

刘禹锡的《观博》上说："博戏中的骰子，博齿用骨头做成，有四条棱，全部用朱色和墨色镂刻而成，点数成对，两枚骰子加起来最多十二点，对应一年十二个月。"这说得不对吗？古代的博齿，明显不是五木的博具。李洞的诗中说："六枚骰子重新投掷，仍旧成为六枚赤色的骰面。"《南唐近事》记载：刘信手捧六枚骰子，一掷之下，六枚骰子都是绯色。《宋史》记载：王昭远一掷，六枚骰子都是赤色。凡此种种，都是如今骰子一类的游戏。这和樗蒲的五枚骰子游戏，互不相干。自从唐代骰子盛行以来，五枚骰子的玩法渐渐废弛了。程大昌说："古代的书籍和典事中谈及樗蒲的，后来渐渐都无法知晓了。"大概从宋代开始便是这个样子了。

骰，是"投"的意思，取"投掷"的含义。后世转而称呼为"头"。周文帝命令丞郎投掷樗蒲头。古代称呼为"投琼"。琼，又写作"櫡"，又写作"凳"，古律文称之为"出九"，又名"博齿"，又名"穴骰"，或者也写作"穴骼"，又名"明琼""琼夐"（上述这些称呼大多指的是樗蒲游戏中的"骰子"，但是如今的骰子也可以通用这些称呼）。

赌徒在隐语中称呼骰子为"惺惺二十一"，是说六个面加起来共二十一点。又说：象征六，意味着六粒骰子可以成为一副牌。四点用朱红色，相传唐明皇和杨贵妃赌采，将要败下阵来，只有掷出两个四点才能转败为胜。皇上连声呼喝，骰子旋转最后出现了两个四点。皇上十分高兴，诏令高力士，赐四点为绯红色。

　　骰子的形制，是六枚子，每枚子六面。而角逐取胜的道理，每一种骰戏都各有不同。有叫"掷状元"的，用筹马作博具，以四点多的为胜利。还有全部同种颜色的，五枚骰子同一花色，有巧、分相、不同、马军、四序等名目，依次都可以得到胜采。

　　有叫"掷升官图"的，最重视赌局的局道。第一次投掷是身份晋升的起始。六枚骰子，以四点为品德，以六点作为才能，以二、三、五点作为功劳，以幺点作为赃祸。遇到四点，就会超拔升官；次一点遇到六点也会升官；遇到二三五的功劳点也有升官转职。遇到幺点则要贬官受罚。

　　有的游戏叫"掷老羊"，集齐五六个人，分朋列座，一个人轮流坐庄，其余的人出注。看所投掷的三枚骰子。除了同一种花色之外，计算其余三枚骰子的大小决出胜负。

　　有叫"掷挖窖"的，便是看花色相同的三枚骰子，计算它们的大小决定胜负。如果遇到第四、五、六枚骰子花色也相同的情况，则胜面更大。像这样的游戏，不能一一列数了。如今习俗中流行的"老羊"游戏，尤其是这样。这都不知道是怎么来的。

还有吴地的风俗，向亲友数人聚敛钱财集会，称之为"首会"。敛财的人，按照期数全都要收取金额。各自看首会得到的钱财，将骰子封闭在盒中，两手摇晃盒子，不久打开盒子，看点数的多少来决定获得钱财的先后顺序。这叫做"摇会"。这是促使钱财流通转运的活动，并不是赌博，但是它对骰子游戏也有所借鉴。

程大昌《樗蒲经略》上说："博骰，砍伐木材作为博子，它的形状两头尖锐，中间平坦宽阔，形状像杏仁。正因为它尖锐，所以才能旋转跳跃；正因为它平坦，所以才能镂刻画彩。每枚博子都有两面，其中一面涂黑色，画牛犊；一面涂白色，画雉鸡。"

如今，市井无名之徒在市场门口开阔的地方设赌场，用的博具也是两头尖锐，四周刻着六个面，雕刻得像骰子的形制。它的形状类似橄榄，而有棱角。先设出赌局的局道来，醒目的写上一二三四五六等字样，然后举手按住骰子旋转，观看的人趁着骰子旋转还未停止时，用钱作注压向某个字；最后骰子停止射中了哪个字数，便根据所压的钱数获得采数。如果四次都没有赌中，那么钱财便都去填饱设局的人的钱袋了。这种游戏叫做"转骰"，很像"意钱"这类游戏，实际上也是用的骰子的形制。

白居易有一首诗说："鞍马呼教住，骰盘喝遣输。长驱波卷白，连掷采成卢。"（骰盘、卷白波、莫走鞍马等，都是当时的酒令名。）

宋徽宗时期，宫中有一种游戏叫"宣和谱"，现在很少有人知道了。皇甫松撰写了《醉乡日月》（又名《投琼谱》）记载骰子令非常详细，如今流传的杨维桢的《除红谱》，无名氏的《醉绿图》，郭樵叟的《颖谱》，袁舜臣的《合欢谱》，登瀛子的《斗腰谱》，丁讽的《双成谱》，屠幽叟的《兼三图》，都是骰子类酒令游戏。

纸牌

纸牌，长二寸多，横长不到一寸。上面有绘画和雕刻印刷，每六十页牌为完整的一具。每一具牌都是成对的。一共有三十种。分为三门：万贯，索子，文钱。牌面数字都是从一至九，三门共二十七种。剩下三种叫做"幺头"。其中一万贯，一索子，一文钱这三张牌也称作"幺头"。万贯牌的牌面上都画着人物，索子和文钱则各自依照索、钱的形制进行绘画。

考察李洞有《赠龙州李郎中，先梦六赤，后因打叶子》诗。晁公武《郡斋读书志》记有《叶子戏格》一卷，上面说："世人相传，叶子戏，是女子所作。撰作这本书时，是在晚唐。"

《郑氏书目》中收录有南唐李后主的妃子周氏编写的《金叶子格》（参见《丹铅总录》）。辽穆宗耶律璟应历中正月，曾和群臣一起玩格叶戏（参见王圻《续文献通考》）。可能叶子戏就是纸牌的由来吧？

考察《说郛》上记载的潘之恒《叶子谱》，乃是马吊牌。然而马吊牌署宋江等人的名字，这就显然不是以前的叶子牌了。杨慎说，叶子牌如同当时的纸牌、酒令，如今流传的《数钱叶谱》一书，就是记载的纸牌酒令。所谓的纸牌，也是马吊牌。

恐怕杨慎所在的时代还没有今天纸牌的形制，因此他调查搜集了那些前人没有著录过的资料，大体上仿照马吊牌的形制对其进行增删。很有可能起始于明代末年，而盛行于当今的时代。即使是乡野偏僻之处也都有这种游戏，除了那种十分谨慎的人，没有人不曾听说过这种游戏，这种盛行的情况相比较马吊牌何止胜了十倍！因此在骰子之后，首先将纸牌列出来讨论。

玩纸牌时，聚集四个人，在桌子上陈设毡旗，然后拿出游戏器具。选一人作为上首，按照次序抹牌，每个人得十页牌，称之为"默和"。剩下二十页牌，由另外一人掌管。按照次序分别传递，在牌局的人称之为"把和"，也叫"蠹角"，这是因为他在座位的一角的缘故。

玩牌的方法，以三四页牌进行搭配，相连结成为一副牌，三副牌都凑成便获得胜利。如果有两家都凑得了三副牌，那么就以率先抹牌的人为胜家。凡是牌没有发出去的，都要掩盖住。已经出牌的人，通过观察发出的牌面，猜测掩盖的牌张情形，来决定和斡旋自己的牌运，自己心中便自分明。

这种游戏，还有的在六十页牌之外再加一具牌的，共一百二十页，这样每门牌便有四页；或者再加半具牌，为一百五十页，那么每一门牌就有五页，可以集合五六个人来玩。每个人除了各得到二十页牌之外，其余的牌都要盖住。按照次序另外抹牌来看看自己是否需要或者抛弃。

取名叫"碰和"的，原本是按照"默和"的方法推展增添而来的一种游戏。抹得三张牌属于同种花色的，叫做"坎""碰"；四张牌同一花色叫做"开招"；五页牌同一花色最为难得，叫"活招"。相传这游戏是前朝人在监狱中创造出来的，因此有这样的名字。

有时候拿其中的几页牌，随意涂抹上金色，抹得的人，可以一张牌抵两张，叫做"碰金和"。明末的士大夫有很多人喜欢打这种游戏。又有叫做"闯""献"这样的名目的，在方言俚语中有很多，不能一一列举了。认识的人认为这是当时流寇的谶语，这也是奇异的见解了。

考察《说郛》中，冯梦龙说："牌张的样式必须依照官家的式样。如太仓卫前、昆山司马桥、苏州桃花坞等地，并成为制牌的重镇。牌张以夹青纯棉纸为上品。如果花样细弱的，称之为'小娘牌'。牌面狭小的，叫'轿夫牌'。牌张短宽粗糙的，叫做'孤老院牌'。墨迹模糊难以辨认的，称之为'鬼牌'。"

如今制作牌张工艺最为工整细腻的，还是要属江浙一带。我走遍河北、山东、福建、广东等地，所见到的那些牌张样式，都少不了被冯梦龙所讥讽的这些。

骨牌

骨牌，大一点的还不到一寸多，截取骨头为片做成。制作精良的多选用象牙为材料，因此又叫做牙牌。正面镂刻孔隙，如同骰子的式样，每页牌用骰子的两面镂刻出点数，交错掺杂。每三十二页牌是完整的一具，每具牌都是成对的。

唯有相加为九点的三、六与四、五是一对，八点的三、五和二、六，七点的三、四与二、五，五点的幺、四和二、三，六点的二、四和三点的幺、二是一对。称之为"武牌"。

余下的都是"文牌"，自己成对。《正字通》上的说法认为，骨牌是宋朝宣和二年创设的。宋高宗时，下诏颁行天下，称之为"骨牌"。

大凡是游戏的博具，都需要纠合集率同好之人一起玩，唯独骨牌可以一个人玩。因此并不被禁止，因为它不是赌博的工具。有时独处旅馆，萧条寂寞，有时孤守窗前，身边又没有携带书籍，也没有朋友说话，偶尔玩弄一下骨牌，足以打磨闲暇时光。

骨牌的名目有"打五关""相十副""拆塔""掘藏""喜相逢""拾元宝""牵虬钻"等等。如果遇到两三人及四人同坐，选一人作为上首，依次抹牌，以三页牌搭配成一副。取五枚骰子同种花色，有巧、分相、不同等名目。六枚骰子的采色如果相同，便叫做"游和"。

有的在三十二页牌之外加倍，又加一半，为八十页牌，这样每种牌各五页。还可以让武牌的三、六、四、五点等都是每种五页，和文牌相同，这样又加上二十五页，成为一百零五页，也叫做"碰和"。有时将天、地、人、和等牌作为将，抹得的人可以获得加倍的赏采。

有的把其中的几页牌，添加绘画上花枝，可以以一页抵二页，这叫做"碰花将和"。有时在一百零五页牌之外，另外制作一页，或者两三页空白的牌，再绘画上各种色彩，可以随意称呼为某样牌，因为它们并没有镂刻点数。抹得这类牌的，就获胜，这叫做"如意君"。

概言之，骨牌还是仿照纸牌的打法，只不过小有异同。如今将镂刻的点描绘在纸片上然后再抹牌，牌的形制大小，和纸牌一样，不再用象牙牌和骨头作为材料了。

骨牌中的天牌，是两张六点。地牌，两张幺点。人牌，两张四点。和牌，是一张幺点和一张三点。将三、六和四五点搭配起来，各为九点，叫做"天九"；三五和二六各八点，搭配起来叫"地八"；三四和二五各七点，搭配起来叫"人七"。幺四和二三各五点，搭配起来是"和五"。幺二与二四搭配起来，是"至尊"。

玩法用四个人入局，使用一具骨牌，共三十二页，每人各得八页牌，用大牌击取小牌。只不过文武两门牌并立出来，各自不相统属。因此擅长打牌的人，能够用小牌辖制大牌，文牌和武牌的如何去留，也重在要有审识和判断。最重要的就是最后一次出手，如果能获胜，就可以获得全部的奖赏，称之为"抢结"。（参见《续叶子谱》）

还有一种游戏叫"打天九"，又名"打四虎"的，它的玩法小有变化。"打天九"的玩法，和马吊牌非常相近，歙县人郑扶曦的《混同天牌谱》（见于《昭代丛书》），纯用马吊牌的打法，似乎更加新奇喜人。

马吊牌

马吊牌，较之纸牌，纵横宽度都稍微大一点。它的绘画和雕刻印刷与纸牌相同。每四十页为一具牌。一页牌就是一种。分为四门牌，各自相互统辖。四门为十万贯，万贯，索子，文钱。万贯门和索子门都是从一开始，九最大，各有九页。十万贯门，从二十万贯开始到九十万贯、百万贯、千万贯，万万贯最大，共十一页，全都描绘着人物，与万贯门相同。文钱一门，最尊贵的是空汤。其次花枝最大，再次一文、二文，一直到九文最小。也共有十一页。文钱门中，空汤牌也描绘着人物。并且列举《水浒传》中宋江等好汉来进行对应。

古时称马吊为"马掉脚"，意思是形容马吊牌的四门如同马有四足，如今俗称作"马吊"。考察古代，有打马格游戏的棋局，有打马图式，如今都没有流传下来。通过文翔凤的《朝京打马格》来验证，可以知道"打马"并不是马吊牌。歙县人潘之恒写有《叶子谱》，番禺人黎遂球写有《运掌经》，吴地人冯梦龙有《马吊脚例》，都是马吊牌的旧时牌谱，后世人推理研究之作就更多了。

马吊牌四人入座，每人各分得八页牌。打法也是用大牌击取小牌，而出现的色样，以及余下八页变化组合出各类色样，总是要出奇制胜，打法变化无穷。四门中最尊贵的叫做"赏"，其次为"肩"，最小的叫做"极"。赏牌、肩牌和极牌上了桌，都可以配成各种色样。色样有大有小，其名称不用说多大数十个。角胜负的牌戏虽然有很多，但唯独这种马吊牌最有韵味。入牌局的人，需要平心静气，不能表露出竞争之心来，因此它又叫做"无声落叶"。

黎遂球说："马吊牌的思虑比围棋还要深沉，意旨比射覆要幽微，内涵借鉴了藏钩，玩牌的快活可以和斗草相媲美，兴致陶冶比樗蒲的枭、卢牌的投掷要恬淡。如果不是按照牌谱进行探索研究，就不能完全地了解其中的奥妙原理。那些肤浅的人、小孩和粗使杂役，不足以有能力来进行这种游戏，因此士大夫们很推崇它。"

象棋

象棋，它的规格如同铜钱，砍取木材做成，制作精美的也用骨头和象牙。分黑白子，各十六枚，棋盘上画出局道，从中分开。下棋的行棋和止棋位置各自都不相沿袭。象棋的玩法，是用车、马、炮、卒等棋与敌对战，又要防备被敌方乘势攻击，即需要自己保护自己的棋。如果最大的将棋不能脱险，就会失败。

《文献通考》上记载有晁补之的《广象戏图序》，其上说："闲暇时我之所以追求玩象棋，是为了打发漫长无聊的时间。象棋的棋局，纵横各十一路棋道，棋子三十二枚，这是下棋双方的两军。这一棋盘设置苦于有些狭小。曾经有尝试扩展棋局的，将纵横的棋道扩展到十九条，棋子增加至九十八枚，这样可以稍微宽放些。智慧的人利用这样的棋局，就可以在纵横十九道的棋道之间，将双方的强弱都展现出来；在九十八枚棋子之中，定下双方的生死存亡。而这纵横十九道、九十八枚棋子之外的，双方的生死强弱不断交替，可以循环到无穷无尽。"根据这里的记载，说明在宋朝时，就已经有象棋了。今天的象棋，是那时遗留下来的规制。但是晁补之所扩展的象棋棋局的下法，没有流传下来。

考察《后周书》上的记载：后周武帝宇文邕天和四年，皇帝创制了《象经》。《隋书·经籍志》著录了《象经》一卷。周武帝的《象经》有王褒、何妥、王裕三家为其作注。如今王褒的《象经序》、庾信的《象戏赋》（载《唐类函》），上面说象棋游戏有日月星辰的气象，能够改变社会的民俗风气等等，这说的显然不是今天的象棋了。

晁公武《郡斋读书志》著录有尹洙撰写的《象棋经》一卷，注释说：这本书有五张图，如今时代流传的版本已经不存在这些图了。陈振孙《直斋书录解题》记载有汲阳成师仲撰写的《三象戏图》，杉阳叶茂卿撰写的《象棋神机集》，都已经亡佚，无法考证了。只有司马光撰写的《七国象棋》，它的规制如今还存留着。

据说本朝新安郑晋德又通过自己的研究创制了《三国象棋》。

拽子

拽子，游戏中设立围棋的棋道，用黑白各五枚棋子，共同行走在棋道之中。每移动一次，对方便也随之行走一步，如果遇到敌方的棋子允许跳跃过去。以谁率先抵达敌方区域者获得胜利。如今的儿童，都能玩这种游戏。它本来没有名字，我为它取名叫"拽子"。拽，是"移"字的转音，牵、引的意思。

根据洪遵的《双陆序》、沈括的《梦溪笔谈》，皆怀疑拽子就是古时候的格五。《汉书》上记载，吾丘寿王因为擅长格五游戏而当上了待诏。注释说：格五棋的行棋方法叫"簺"。具体的方法有簺、白、乘、五这四种采。如果轮到五，便停住，不能再往前行了。因此叫做"格五"。《后汉书·梁冀传》上的注释说："《音义》记载：格五，是'簺'的意思。《说文解字》上解释：'行棋的时候阻塞了棋子，叫做'簺'。'"鲍宏的《博经》上说："塞，有四种采：塞，白，乘，五。到了五，就要停住，不能再向前走棋，因此叫做'格五'。"汉代的格五便是塞戏了。

《南齐书》上记载：沈文季擅长塞戏，用五枚棋子。

我考察边韶的《塞赋》，上面说："塞局上有四条棋道纵横交错，符合一年有四季的法则；塞戏中用棋子十二枚，符合音律中十二律吕的标准；游戏时双方每个人持着所有棋子的一半，六枚棋子与六十四卦的每一卦的六爻相符。"这说明塞戏时用的棋子有六枚，不是五枚。难道是六朝时已经小小地改变了它的规制，才成为当今孩子们所玩的拽子游戏的源起吗？

《梦溪笔谈》又说"蹙融"也作"蹙戏"，就是格五。有一个叫徐德占的人，擅长格五游戏中的行棋，渐渐到了没有敌手的地步。他玩游戏的方法是让自己每每都能有余裕，从而陷敌人于艰难的境地。虽然人们知道他的战术就是如此，然而最终也没有人能够战胜他。

《尹文子》中说：博戏，研究各种关隘、阻隔的道理，求得能让棋子通畅不阻塞的道路，但是却无法决定齿采的大小，因为这取决于机遇和运气。班固说"博戏取决于投骰，胜利并不属于那些有德行的人"，他的意思正与此相同。鲍宏《塞经》上说："在五条棋道上行棋，然后投掷琼，这种游戏叫博采。呼卢与此大不相同。"我们也可以通过拽子想象理解到这句话的含义。

压宝压扠揸摊

压宝，将一枚铜钱封闭在盒子中，赌局前后和四方分为青龙、白虎、天门和庄家之位，用钱压中宝字的人获得胜利。压扠，扔出两枚铜钱让它们旋转，等它们快要停下来时，用手按住铜钱。其结果也分为四门：两个阴面、两个阳面。如果一枚是阴面，一枚是阳面，这就叫"扠"。两枚铜钱中有一枚的颜色稍微偏红，如果红色的这枚钱是阳面，就叫做"前扠"。如果红色钱是阴面，叫"后扠"。压中这两种的人获得胜利。

揸摊，随手取数十枚铜钱，不论多少，放在容器之中。等众人都压完后，才把它们取出来计算。每四枚钱是一个满数，统计有多少个四钱，剩下零钱或者一钱、二钱、三钱，或者其他整钱。游戏结果分为四门，压得的人获得胜利。

《汉书》上记载安邱侯张拾等坐在一起玩博掩的游戏，输的人就要被剃去头发，筑城劳役。《汉书·货殖传》上说："博掩游戏可以使人致富。"颜师古的注解为："掩，指的是意钱这类游戏。"《后汉书》上记载：

梁冀会玩意钱游戏。注释上引用何承天《纂文》中的话：诡亿，也叫"射意"，又叫"射数"，就是摊钱游戏。这说明此游戏的由来很久远。

杜甫的诗句中说："一年到头都能听到三峡一带三老船夫的船歌，白天在浪涛声里玩着摊钱游戏。"李济翁的《资暇录》中说：钱戏，有的把每四文钱作为一列的，就是史传中所说的"意钱"游戏，俗称叫"摊钱"，也叫"摊铺"。这种游戏中，不会让钱互相堆积遮挡起来迷惑人。

所有这些钱戏都要推举一个人作为庄家，庄家携带的钱财必须要数倍于众人才能行。和众人对敌，叫做"开当"。掌管胜负和财物的出入数目。压宝的人，不限人数，可以容纳数十人。游手好闲之人，呼喝着纠集恶少子弟，喧哗叫嚷，渐渐至于斗殴偷窃，都是从这样的游戏引发来的。它让人比拼财物、引发争端，因此世风日下。近日来，士大夫中间有喜欢这类游戏的，需要明白这类游戏，是有损人品而不入流的。

筹马

筹马，用象牙做成，形状如同箸的一半，取其方直和长阔，两面都可以画色采。如果没有象牙，剖竹子制作也很方便。参与博戏的人入局之后，囊家先给出筹马，用来代替青蚨、白镪。筹马的规制大小参差不一，有的值一千，有的值一百，有的值十钱，这样可以随意出注，转换使用。局散了之后，胜负已经分出，就比较得失的筹马，获得钱财的报偿。这就是古人所谓的"点筹"（见《唐书·中宗纪》）。

考察《楚辞》中有一句："蓖蔽象棋"，王逸注解说这是将蓖玉制成箸，将象牙制成棋；还有一句："晋制犀比"，注释解释说意为晋国的工匠制作博箸，搜集犀牛角作为雕饰。

马融的《樗蒲赋》说："矢子用蓝田玉，让卞和来雕刻；马用犀角象牙做成，细细雕琢打磨。马用来抵御对手、保护自己，筹用来发动指示，矢效仿兵卒数目众多。""筹用来发动指示"，就是《淮南子》中所说的"擅长博戏的人得筹必定多"的意思。

　　李翱的《五木经》论述："王采有四种，盹采有六种。行马的步数从十六箕到二箕不等，依次对应投掷得到的采数。"箕，就是筹。马和筹，本来是两种东西，现代统一称之为"筹马"。凡是博戏都可以用到。又说：注，是马所负载之物。看钱财将要出尽时，便倾尽所有负载的出手，这叫做"孤注"（见《宋史·寇准传》）。俗称作"尽手钱"。

　　状元，筹中最大的叫做"状元"，有六十四注。其次小一点的叫"榜眼"，叫"探花"，各三十二注。依次到"秀才"最小，仅一注。用骰子卜测采数，看骰子掷出的筹数的得失多少。一局比完之后，计算筹数来分胜负。另外还有一筹叫做"场谱"，逐一记载得失筹的多少数目，以杜绝不必要的争执。

局道

局道的讲求，是从围棋开始的。邯郸淳的《艺经》上说："围棋棋局纵横各有十七条棋道，合起来一共是二百八十九条棋道。白黑棋子各有一百五十枚。"这里的规制和如今的围棋也只是小有不同。其他的博戏中有可以考察的局道的，有的叫做"塞局"。塞戏中的棋局，四条棋道相交，象征着一年有四时。（见边孝先《塞赋》）

有的叫"弹棋局"。局盘方形，边长二尺，棋局的中心高耸如同倒扣的盂盆，顶端是一个小壶，棋局的四角微微隆起（见《梦溪笔谈》）。有的叫"四维局"，画一张纸作为棋局，它的长度有一尺，九条棋道并列（见晋代李秀的《四维赋》）。

有的叫"象戏局"，棋盘像河图一样打开，其中蕴含着河图的机算奥秘，红色的棋盘线横平竖直（见庾信《象戏赋》）。有的叫"双陆局"，将珍奇的木材做成方形棋盘，盘内外各有六道梁，因此叫做"双陆"（见洪遵《双陆序》）。有的叫"打马局"，局盘中央有四十九条棋道，外面有七十二条棋道（见文翔凤《朝京打马格》）。像这样的种种，都是讲求局道的证明。

　　考察现今的象戏局，纵的棋道有十条，横的棋道有九条，晁补之说象戏局"纵横各有十一条棋道"，这和现在的象戏局不符。大概是古代的游戏方法也发生了变化。司马光创制了七国象戏，使用围棋的棋局，用一百二十枚棋子。周王室用一枚，七国各十七枚：周王室是黄色，秦国白色，楚国红色，齐国青色，燕国黑色，韩国丹色，魏国绿色，赵国紫色。

　　郑晋德创作《三国棋谱》，就是用的象棋的局道，而增加了一半。蜀汉正方向相对，曹魏和东吴都是斜向排列。棋局中央有城池，有山脉，有大海，每个国家用十八枚棋子，一共五十四枚棋子，都是仿照象戏规制，在其基础上做增加。

　　至于骰子的运用，往往和局道有共同需求，并行使用。如今大众流传的"升官图"，以文官、武官的出身区分仕途，以人品的忠诚和奸佞区分胜负，六枚骰子掷出四点视作品德，掷出六点视作才能，掷出二三五点视作功劳，掷出一点视作赃污。遇到品德，就会超拔升迁；遇到才能，次之；有功劳也会获得升官转职；遇到赃污，则会受罚贬官。其他游戏的形制有大有小，不一而足。

明代上虞人倪元璐创制了《百官铎》，有数千字，涉及到了官制的考证、国家官僚体系的利弊分析。上面说："让儿童来玩这种游戏，可以嬉戏；让帝王和将相来考察这种游戏，可以使国家得到治理。"这用意非常良苦且有深意。

考察房千里的《骰子选格》条例，从侍中起到县尉为止，它列出的条目有六十八条。《自序》上说："用骰子投掷两枚，进行游戏，投掷在棋局之上，以骰子点数的多少作为进身做官的差别。"骰子的点数多，就官位高贵；点数低，就官位低贱。等游戏终局时，有作为县尉小吏而青云直上的，有贵为宰相众臣大将的，有连续博得美名而后忽然一蹶不振的，有开始时非常卑微而逐渐升官到高位的。现代还有一种"小升官图"游戏，掷两枚骰子，计算若干点数，看骰子点数的情况来决定官位的升降。字数并不多，但是绘有人物，是儿童喜欢的游戏。这游戏就是

◆　《骰子选格》遗留下来的影响。

◆　宋代刘敞撰写了《汉官仪新选》一卷，选取汉代名人列传各自仕途升降的事迹，附注在这本书之后（见晁公武《郡斋读书志》）。赵明远撰写了《进士采选》一卷（见陈振孙《直斋书录解题》），郑氏书目记载了数种《彩选格》类的游戏，都是从《升官图》以来一脉发展。

宋代时还有《选仙图》，也有骰子的点数附会色采。一开始是散仙，后来是上洞仙人，渐渐升到蓬莱仙人、大罗仙人，就会有众仙来庆贺。它的数点计采方法，也是重视四点。凡是有了过错的，就贬谪下凡作樵夫；思凡受罚的仙人，如果遇到胜采仍可以恢复原先的仙位。

王珪《宫词》上说："近来在窗前见到有人玩选仙游戏，小孩子们争相寻觅到盆钱。最上等的筹采是要投掷到蓬莱岛，那样就可以乘着鸾鸟飞出洞天福地。"这上面所形容的也是彩选之类的游戏。所谓的"到盆钱"，如同里俗间玩的"升官图"，在游戏中位阶卑下的出钱给那些尊贵的，这叫做"见面钱"（参见虞兆漋《天香楼偶得》）。

　　考察升官图游戏，大多使用六枚骰子。唯独房千里的《骰子选格》，用两枚骰子。本朝福建人高闿撰写了《揽胜图》，用一枚骰子，幺点是词客，二点为羽士，三点为剑侠，四点是美人，五点为渔父，六点为缁衣。分派好以后，众人齐聚"劳劳亭"。按照次序依次投掷，依骰子点数前行。词客到了"瀛洲"要停住，羽士到了"蓬莱岛"停住，剑侠到"青门"停住，美人到"天台"停住，渔父到"桃源"停住，缁衣到"五老峰"停住。这种游戏的棋局设计，也是从"升官图"衍化出来的。

花赌

　　饮酒赌博、樗蒲游戏，这是妓院所擅长的娱乐活动。古人经常借这些活动比喻那些流连风月、眠花宿柳的行为。唐代岑参的诗写道：一对美人娴静且美丽，她们手持红牙板和精美的筹马一起玩樗蒲游戏。在玉盘之中，用纤纤玉手投掷骰子掷出卢牌。宋代李元膺的诗写道：娇羞的美人经常被诸位公子调戏，因此她的手藏在袖中，迟迟不肯出注。明代刘黄裳的诗句写道：美人已经了解到匆匆赶来相聚的迫切心情，他们称赞她的美貌，因此她有意在赌局中迟迟出注，以娇媚之态取悦于诸公子。

　　在妓女的绣房之内、几案之间，人们围坐在精美的垫子上，妓女们娇媚的声音此起彼伏，还能闻到她们身上淡淡的体香。这种情景比起歌舞筵席，另有一种风情。仕宦之家，蓄养有歌伎和侍妾，如果赶上佳节和寿辰，偶尔举行一次这种游戏，只是不能经常举办，因为这是对妇女的女红事业有妨害的。（《太平广记》中记载：薛昭遇到三位美女，她们请求玩投掷骰子的游戏，如果遇到齿采大的，就可以与薛昭同床共枕。这种故事也是闺房中有趣味的事。）

如今吴地的富商大户，妇女举办宴会，带很多金银，彼此招呼邀请人赶赴博局，到时候在局中各种淫乱和偷盗的事情都交杂发生，致使闺房之中，留下玷污，这是应该大力遏制的流行风尚，以警示不正的风气。

抽头

◆　　在家中招待赌博的赌徒，并未为他们提供饮食。等到
他们获得胜利之后，向其有时抽取二十分之一的盈利，有
时抽取十五分之一的盈利，这叫做"抽头"，也就是苏东
坡所说的那种"赌钱不输"的秘方。（见《东坡志林》）

◆　《唐国史补》上说：围观的博徒们跟随实力强大的某赌徒
争取胜利，在他们之后跟着出注押注，这叫做"撩零"。
出借地方、博具的人，叫做"囊家"。囊家取十分之一的
利润，这叫"乞头"。《山堂肆考》上记载："世上纠集
博徒们玩樗蒲的，叫做'公子家'，又称作'囊家'，也
称作'录事'。"如今的朝廷诏令，禁止赌博的规定最为
严格，"窝家"也就是"抽头"的一方了。

角戏宜忌

博戏适宜以下情况：

适宜闲暇的日子，适宜飘雨敲窗时，适宜天很冷或者很热，适宜喝酒微醺之后，适宜患病初愈，适宜窗明几净的静室，适宜来人豪爽，适宜来人温文尔雅，适宜袋中有闲钱的时候，适宜考生刚考完科举的时候，适宜考生考科举没考上的时候，适宜幕僚们公事已毕的时候，适宜与不太有文化的人同处一室的时候，适宜稍微有些不顺心的时候，适宜旅船在码头停泊的无月之夜，适宜有美人同坐。

博戏忌讳在这些情况下玩：

不宜俗事缠身的时候，不宜花前月下风光宜人，不宜房子正临大街，不宜有旁人突来敲门，不宜旁人多嘴多舌，不宜性格轻佻的年青人偷看，不宜喝醉酒的人，不宜贪婪鄙吝的人，不宜脾气暴躁的人，不宜怕老婆的人，不宜手上没钱的人，不宜举子等候出榜的时候，不宜通宵达旦地玩，不宜邀家中子弟们的先生到场。

博戏录

原文

《打马图经》序[1]

慧[2]则通，通即无所不达；专则精，精即无所不妙。故庖丁[3]之解牛，郢人之运斤[4]，师旷之听[5]，离娄之视[6]，大至于尧舜之仁，桀纣之恶，小至于

————————————————————————【注释】————————————————————————

① 史载李清照编纂《打马图经》一卷，此文为序。打马：古代博戏名，因棋子称马，故名打马。图经：打马博戏的图解与文字说明。

② 慧：聪慧。通：通晓。

③ 庖丁：《庄子》中记载的梁惠王的厨师，名丁。

④ 郢：楚国首都，今湖北江陵北。运斤：用斧。

⑤ 师旷：春秋时晋国乐师，字子野，目盲而耳聪，善辨声乐。

⑥ 离娄：又名离朱，视力极佳。

掷豆起蝇①，巾角拂棋②，皆臻至理者何③？妙而已。

　　后世之人，不惟学圣人之道不到圣处；虽嬉戏之事，亦不得其依稀仿佛而遂止者多矣④。夫博者，无他，争先术耳⑤，故专者能之。予性喜博⑥，凡所谓博者皆耽之，昼夜每忘寝食。且平生多寡未尝不进者何⑦？精而已。

【注释】

① 掷豆起蝇：唐段成式《酉阳杂俎续集》卷四："余未亏齿时，尝闻亲故说：张芬中丞在韦南康皋幕中，有一客于宴席上以筹碗中绿豆击蝇，十不失一，一座惊笑。芬曰：'无费吾豆。'遂指起蝇，拈其后脚，略无脱者。又能拳上倒碗，走十间地不落。"

② 巾角拂棋：《世说新语·巧艺》："弹棋始自魏，宫内用妆奁戏。文帝于此戏特妙，用手巾角拂之，无不中。"

③ 臻：达到。至理：精微的道理。

④ 依稀仿佛：依稀与仿佛同义叠用，为相似、类似之义。

⑤ 争先术：争先的诀窍。

⑥ 博：博戏

⑦ 未尝不进：即未尝不胜。

自南渡来①，流离迁徙，尽散博具②，故罕为之，然实未尝忘于胸中也。今年冬十月朔，闻淮上警报③，江浙之人，自东走西，自南走北，居山林者谋入城市，居城市者谋入山林，旁午络绎④，莫不失所。

易安居士亦自临安沂流，涉严滩之险⑤，抵金华，卜居陈氏第。乍释舟楫而见轩窗，意颇适然。更长烛明⑥，奈此良夜何。于是博弈之事讲矣⑦。

【注释】

① 南渡：宋高宗赵构于靖康二年（1127）北宋灭亡后，渡长江至建康（今南京）建立南宋，改元建炎。

② 博具：博戏所用器具。

③ 淮上警报：江淮一带传来金人侵犯警报。时金人屡犯江淮。

④ 旁午：交错、纷繁。

⑤ 严滩：即严陵濑，在浙江桐庐县南。

⑥ 更长烛明：更，夜间计时单位，更长即夜长。

⑦ 讲：讲论、讲习。

且长行、叶子、博塞、弹棋[1]，近世无传。若打揭、大小猪窝、族鬼、胡画、数仓、赌快之类[2]，皆鄙俚不经见。藏酒、樗蒲、双蹙融，近渐废绝。选仙、加减、插关火，质鲁任命，无所施人智巧。大小象戏，弈棋[3]，又惟可容二人。独采选[4]、打马，特为闺房雅戏。尝恨采选丛繁，劳于检阅，故能通者少，难遇劲敌[5]；打马简要，而苦无文彩[6]。

按打马世有二种：一种一将十马者，谓之"关西马"；一种无将二十马者，谓之"依经马"。流

【注释】

① 长行、叶子、博塞、弹棋，四者皆古代博戏名。

② 打揭、大小猪窝、族鬼、胡画、数仓、赌快，六者亦古代博戏名。由此以下提到的"象戏"等等诸种，皆为古代博戏名。

③ 弈棋：即围棋。

④ 采选：唐宋时一种博戏，又作"彩选"，全称"彩选格"。

⑤ 劲（qíng）敌：强敌。

⑥ 文彩：此指花样。

135

行既久，各有图经凡例可考；行移赏罚，互有同异。又宣和间人取二种马，参杂加减，大约交加侥幸^①，古意尽矣。所谓"宣和马"者是也。

予独爱"依经马"，因取其尝罚互度^②，每事作数语，随事附见，使儿辈图之^③。不独施之博徒，实足贻诸好事，使千万世后知命辞打马，始自易安居士也。

时绍兴四年十一月二十四日，易安室序。

【注释】

① 交加侥幸：增加运气成分。

② 互度：禁忌和规则。互，通"枑"，禁忌。度，法度。

③ 图：法度、标准。此处"图"活用为动词，作"作为……的标准"解。

打马赋

予性专博，昼夜每忘食事。南渡金华，侨居陈氏，讲博弈之事，遂作《依经打马赋》曰：

岁令云徂[1]，卢或可呼[2]。千金一掷[3]，百万十都[4]。樽俎具陈，已行揖让之礼；主宾既醉，不有博弈者乎[5]。打马爰兴，樗蒲遂废。实小道之上流，乃闺房之雅戏。齐驱骥騄，疑穆王万里之行[6]；

【注释】

[1] 岁令云徂：一年将尽。

[2] 卢或可呼：即博戏中彩。呼卢，详细参考后文《樗蒲经略》。

[3] 千金一掷：即赌注大。

[4] 百万十都：亦言赌注之大。都，计筹单位。十八筹为一都。十都，即一百八十筹。

[5] 不有句：《论语·阳货》："饱食终日，无所用心，难矣哉! 不有博弈者乎，为之犹贤乎已。"

[6] 齐驱二句：《逸周书》："穆王乘八骏，宾于西王母，觞于瑶池之上，一日行万里。"《史记·秦本纪》："造父以善御幸于周缪（穆）王，得骥、温骊、骅骝、騄耳之驷，西巡狩，乐而忘归。"骥、騄，八骏之二。

间列玄黄，类杨氏五家之队①。珊珊珮响②，方惊玉镫之敲③；落落星罗④，忽见连钱之碎⑤。

　　若乃吴江枫冷⑥，胡山叶飞⑦，玉门关闭⑧，

━━━━━━━━━━━ 【注释】 ━━━━━━━━━━━

① 间列二句：玄黄，喻棋子之色。杨氏五家，即杨国忠兄妹。《旧唐书·杨贵妃传》："玄宗每年十月幸华清宫，国忠姐妹五家扈从，每家为一队，着一色衣，五家合队，照映如百花之焕发。"

② 珊珊：玉珮之声，比喻敲棋子声。

③ 玉镫：马鞍两旁的脚镫。

④ 落落星罗：棋子之分布状如天星罗列。

⑤ 连钱：花纹似相连的铜钱。碎：分散。

⑥ 吴江枫冷：吴江，吴淞江之别称，出自江苏太湖，东入大海。唐崔信明诗残句："枫落吴江冷"。

⑦ 胡山：胡山，胡地之山。

⑧ 玉门关闭：玉门关在今甘肃省敦煌县西北。据《汉书·李广利传》，太初元年，李广利被封为"贰师将军"募兵伐大宛，后因兵少不足，上书请求撤兵。汉武帝大怒，令使臣关闭玉门关，擅入者即处斩。

博

戏

录

沙苑草肥^①。临波不渡，似惜障泥^②。或出入用奇，有类昆阳之战^③；或优游仗义，正如涿鹿之师^④。或闻望久高，脱复庚郎之失^⑤；或声名素昧，便同

【注释】

---

① 沙苑草肥：沙苑，一名沙阜，在今陕西省大荔县南洛水、渭水之间，宜于牧畜。唐代在此置沙苑监，宋置龙坊，屯兵牧马。

② 临波二句：障泥，即马鞯，垫在鞍下垂于马背两旁用以挡泥土。《晋书·王济传》："济善解马性，尝乘一马，着连线障泥。前有水，不肯渡。济曰：'必是惜障泥。'使人解去，便渡。"

③ 昆阳之战：汉刘秀击败王莽之战。昆阳，汉县名，属颍川郡，今河南叶县境。

④ 涿鹿之师：涿鹿，山名，在今河北涿鹿县东南。《史记·五帝本纪》："蚩尤作乱，不用帝命。于是黄帝乃征师诸侯，与蚩尤战与涿鹿之野，遂禽杀蚩尤。"

⑤ 脱复句：脱复，或许，倘使。庚郎，晋庚翼。

痴叔之奇[1]。

亦有缓缓而归[2]，昂昂而出[3]。鸟道惊驰，蚁封安步[4]。崎岖峻坂，未遇王良；跼促盐车，难逢

【注释】

① 或声名二句：此用王湛、王济叔侄故事。《世说新语·赏誉》："（王湛）答对甚有音辞，出济意外……济虽俊爽，自视缺然，乃喟然叹曰：'家有名士，三十年而不知！'济去，叔送至门。济从骑有一马，绝难乘，少能骑者。济聊问叔：'好骑乘不？'曰：'亦好尔。'济又使骑难乘马，叔姿形既妙，回策如萦，名骑无以过之。济益叹其难测，非复一事……武帝每见济，辄以湛调之曰：'卿家痴叔死未？'济常无以答。既而得叔后，武帝又问如前，济曰：'臣叔不痴。'称其实美。帝曰：'谁比？'济曰：'山涛以下，魏舒以上。'于是显名，年二十八始宦。"

② 缓缓而归：宋苏轼《陌上花三首并引》："吴越王妃，每岁春必归临安。王以书遗妃曰：'陌上花开，可缓缓归矣。'"

③ 昂昂而出：战国屈原《卜居》："宁昂昂若千里之驹乎？将泛泛若水中之凫乎？"王逸注："志行高也。"

④ 蚁封：蚂蚁巢穴上的封土。

造父①。且夫丘陵云远，白云在天②，心存恋豆③，志在著鞭④。止蹄黄叶，何异金钱⑤。用五十六采之间⑥，行九十一路之内⑦。明以赏罚，核其殿最⑧。运指麾于方寸之中，决胜负于几微之外⑨。

且好胜者人之常情；游艺者士之末技。说梅止

【注释】

---

① 王良、造父：古时善御马之人。

② 且夫二句：《穆天子传》："乙丑，天子觞西王母于瑶池之上。西王母为天子谣曰：'白云在天，山陵自出。道路悠悠，山川间之。将子无死，尚能复来。'"

③ 恋豆：留恋禄位，胸无大志。

④ 著鞭：比喻先人一步。

⑤ 止蹄二句：此以"黄叶、金钱"比喻赌资之多，兼有"争强好胜"之意。

⑥ 五十六采：据《打马图经·采色例》：共计五十六采。其中赏色十一采，罚色二采，杂色四十三采。

⑦ 九十一路：据《打马图谱》，行马（走棋子）有九十一路。

⑧ 核其殿最：考核胜负名次。

⑨ 几微：细微的征兆。这里是说在战前已能见微知著，预见胜负。

渴，稍疏奔竞之心；画饼充饥，少谢腾骧之志。将图实效，故临难而不回；欲报厚恩，故知机而先退①。或衔枚缓进②，已逾关塞之艰；或贾勇争先③，莫悟阱堑之坠④。皆由不知止足⑤，自贻尤悔⑥。当知范我之驰驱⑦，勿忘君子之箴佩⑧。

【注释】

① 欲报二句：《左传·僖公二十八年》："晋师退，军吏曰：'以君辟臣，辱也；且楚师老矣，何故退？'子犯曰：'师直为壮，曲为老，岂在久乎？微楚之惠不及此，退三舍辟之，所以报也。'"

② 衔枚：古时行军，士兵以枚横衔口中，以防喧哗。

③ 贾勇：尚有余勇待售。

④ 阱堑：陷阱、坑堑。此谓冒进争先便有失利之祸。

⑤ 不知止足：不知足。

⑥ 自贻尤悔：自取其咎。

⑦ 当知句：依照规范打马。

⑧ 箴佩：佩戴的箴言。

况为之贤已，事实见于正经；用之以诚，义必合于天德①。牝乃叶地类之贞②，反亦记鲁姬之式③。鉴髻堕于梁家④，溯浒循于岐国⑤。故绕床大叫，五木皆卢；沥酒一呼，六子尽赤⑥。平生不

【注释】

---

① 用之二句：唯有以精诚之志，方能洞悉打马的奥妙。《礼记·中庸》："唯天下之至诚，为能经纶天下之大经，立天下之大本，知天地之化育……苟不固聪明圣知达天德者，其孰能知？"

② 牝乃句：意谓打马须遵循阴阳相合的道理，方能先迷后顺。《易·坤》："坤，元亨，利牝马之贞，君子有攸往，先迷后得……牝马地类，行地无疆，柔顺利贞。君子攸行，先迷失道，后顺得常。"

③ 反亦句：意谓打马需先留马后送马，讲求礼节。《春秋·宣公五年》："秋九月，齐高固来逆叔姬……冬齐高固及子叔姬来。"杜预《集解》："淑姬宁，固反马。"

④ 鉴髻句：意谓打马落堑。《后汉书·梁统传》附梁冀："诏遂封冀妻孙寿为襄城君……寿色美而善为妖态，作愁眉，啼妆，堕马髻，折腰步，龋齿笑，以为媚惑。"

⑤ 溯浒句：意谓打马过程中转移阵地。《诗·大雅·大明》："古公亶父，来朝走马。率西水浒，至于岐下。"

⑥ 意谓打马掷骰技艺高超。沥酒，洒酒于地。

143

负，遂成剑阁之师①；别墅未输，已破淮淝之贼②。今日岂无元子，明时不乏安石③。又何必陶长沙博局之投④，正当师袁彦道布帽之掷也⑤。

【注释】

① 剑阁之师：谓桓温伐蜀之事。剑阁，县名，代指蜀地。

② 谓谢安胜淝水之战。

③ 今日二句：元子：桓温之字。安石：谢安之字。比喻南宋自有名将，中兴有望。

④ 陶长沙：晋代陶侃，曾为长沙太守。《晋书·陶侃传》："诸参佐或以谈戏废事者，乃命取其酒器、蒲博之具，悉投之于江，吏将则加鞭扑，曰：'樗蒲者牧奴戏耳！'"

⑤ 《晋书·袁耽传》："耽字彦道，少有才气，俶傥不羁，为士类所称。桓温少时游于博徒，资产俱尽，尚有负进……欲求济于耽，而耽在艰，试以告焉。耽略无难色，遂变服，怀布帽，随温与债主戏。耽素有艺名，债者闻之而不相识，谓之曰：'卿当不办作袁彦道也。'遂就局，十万一掷，直上百万。耽投马绝叫，探布帽掷地，曰：'竟识袁彦道不？'其通脱若此。"

辞曰：佛狸定见卯年死^①，贵贱纷纷尚流徙。满眼骅骝杂骁骑^②，时危安得真致此？木兰横戈好女子！老矣谁能志千里，但愿相将过淮水^③。

【注释】

① 佛狸：北魏太武帝拓跋焘之字，此处代指金人。

② 骅骝、骁骑：皆为打马游戏中所用马的名字。

③ 相将：相偕，与共。

打马图经命辞

铺盆①

凡置局，二人至五人，钧聚钱置盆中，临时商量，多寡从众。然不可过四五人之数，多则本采交错，多至喧闹矣。词曰：

既先设席②，岂惮攫金③。便请著鞭，谨令编埒④。罪而必罚，已从约法之三章⑤；赏必有功，勿效绕床之大叫。凡不从众议喧闹者，罚十帖入盆。

[注释]

① 铺盆：开始设局时，聚钱于盆中，作为赏罚之资。

② 设席：设置打马戏局。

③ 攫金：攫，取，意谓赌金被人赢取。

④ 埒（liè）：原指射马场地的围墙，此指将钱码放成堆。

⑤ 约法三章：此指打马规则。

本采①

凡第一掷，谓之本采。如掷赏罚色，即不得认作本采。词曰：

公车射策之初，记其甲乙②；神武挂冠之日，定彼去留③。汝其有始有终，我则无偏无党④。

【注释】

① 本采：《马戏图谱》："凡第一掷，初下马之色，谓之本采。"

② 意谓打马比赛。公车，汉官署名。汉制以公车接送举人应试。颜师古曰："公车，署名，公车所在，因以名。诸待诏者，故令给养焉。"射策，汉代取士，有对策、射策之制。射策由主试者将试题书于简策，分甲乙科，应试者随意取答，主试者评定优劣。

③ 意谓比赛胜负已定。挂冠，辞官。

④ 无偏无党：不偏袒，不结伙，公正无私。

下马^①

凡马每二十匹用犀象刻成，或铸铜为之如大钱样，刻其文为马，文各以马名别之；或只用钱，各以钱文为别，仍杂采染其文。词曰：

夫劳多者赏必厚；施重者报必深。或再见而取十官^②，或一门而列三戟^③。又昔人君每有赐，臣下必先乘马焉。秦穆公悔赦孟明，解左骖而赠之是也^④。丰功重锡^⑤，尔自取之，予何厚薄焉？

---------------------【注释】---------------------

① 下马：打马时吃子规则之一。

② 十官：马戏中士卒之长。

③ 一门三戟：唐制三品以上官员可在邸院门前立戟。

④ 秦穆公二句：《左传·僖公三十三年》："夏四月辛巳，（晋军）败秦师于殽，获百里孟明视、西乞术、白乙丙以归。"晋襄公从文嬴之请，赦三将还秦，既而悔之，"使阳处父追之，及诸河，则在舟中矣。释左骖，以公命赠孟明。"故易安此处用典有误，"秦穆公"应作"晋襄公"是。

⑤ 丰功重锡：锡，通"赐"。大功厚赏。

行马之一

凡马局十一窝，遇入窝不打，赏一掷。词曰：

九，阳数也^①，故数九而立窝；窝，险涂也，故入窝而必赏^②。既能据险，以一当千；便可成功，寡能敌众。请回后骑，以避先登。

雅趣小书

【注释】

① 《易》以阳爻为九，比如初九、上九等。

② 窝：马戏中的营垒。

行马之二

　　凡叠成十马，方许过函谷关[1]。十马先过，然后余马随多少得过。自至函谷关，则少马不许逾别人多马。词曰：

　　行百里者半九十[2]，汝其知乎？方兹万勒争先，千羁竞辏[3]。得其中道，止以半途。如能叠骑先驰，方许后来继进。既施薄效，须稍旌甄[4]，可倒半盆。

〔注释〕

① 函谷关：古关名，在今河南灵宝县南。此指打马图之关口。

② 行百里者半九十：《战国策·秦策五》："诗云：'行百里者，半于九十。'此言末路之难。"

③ 竞辏：本谓车轴四周的辐条集于轴心，此处指群马聚集一处。

④ 旌甄：表彰，奖赏。

行马之三

凡叠足二十马到飞龙院①，散采不得行，直待自掷真本采，堂印、碧油、雁行儿、拍板儿、满盆星诸赏采等②，及别人掷自家真本采，上次掷罚采，方许过。词曰：

万马无声，恐是衔枚之后；千蹄不动，疑乎立仗之时③。如能翠幕张油，黄扉启印④；雁归沙漠，花发武陵。歌筵之小板初齐，天际之流星暂聚。或受彼罚，或旌己劳。或当谢事之时，复过出身之数。语曰：邻之薄，家之厚也⑤。以此始者，以此终乎。皆得成功，俱无后悔。

【注释】

① 飞龙院：《打马图》中的名称。

② 堂印等：皆打马术语。命词有"翠幕张油"诸语，皆从此来。

③ 立仗：帝王仪仗，分立于皇宫诸门及殿廷。此处形容严阵以待。

④ 黄扉：黄阁，宰相官署，此指宰相。

⑤ 此处本《左传·僖公三十年》载烛之武退秦师说词："邻之厚，君之薄也。"意为别人之材减少，自己则增多。

打马之一

凡多马遇少马，点数相及，即打去马。马数同，亦许打去，任便再下。词曰：

众寡不敌，其谁可当？成败有时，夫复何恨？或往而旋返，有同虞国之留[1]；或去亦无伤，有类塞翁之失[2]。欲刷孟明五败之耻[3]，好求曹刿一旦之功[4]。其勉后图，我亦不弃汝。

【注释】

[1] 虞国之留：意谓暂得小利而招大祸。

[2] 塞翁之失：意谓暂遭小损而得大福。

[3] 秦穆公时大夫孟明视，曾多次领兵攻打晋国均遭惨败，最后一次终于大败晋军，一雪前耻。

[4] 春秋时鲁国曹刿，曾与鲁庄公论战，陪乘庄公，取得齐鲁长勺之战的胜利。在两国会盟之时，曹沫（即曹刿）执匕首劫齐桓公，迫使"桓公乃遂割鲁侵地"，而成"一旦之功"。

打马之二

凡打去人全垛马，倒半盆。被打人出局；如愿再下者亦许。词曰：

赵帜皆张[1]，楚歌尽起[2]。取功定霸，一举而成。方西邻责言[3]，岂可蚁封共处？既南风不竞，固难金垮同居。便请回鞭，不须恋厩。

【注释】
---

① 赵帜皆张：出典《史记·淮阴侯列传》，意谓出奇制胜。

② 楚歌尽起：即项羽垓下"四面楚歌"典故。

③ 西邻责言：近邻责备之言。即失利的同伴相互间的抱怨。

打马之三

被打去全马，人愿再下。词曰：

亏于一篑[1]，败此垂成。久伏盐车[2]，方登峻坂，岂期一蹶，遂失长涂[3]。恨群马之皆空，念前功之尽弃。但素蒙剪拂[4]，不弃驽骀；愿守门阑，再从驱策。溯风骧首，已伤今日之障泥；恋主衔恩，更待明年之春草。

【注释】

① 亏于一篑：比喻事情只差最后一点儿不能完成。篑：盛土所用的竹筐。

② 盐车：运盐之车，比喻重载的车。

③ 长涂：即长途。涂，通"途"。

④ 剪拂：原指剪鸟羽之恶者，拂而理之，意犹照拂。

倒行

凡遇打马，遇叠马，遇入窝，许倒行。词曰：

唯敌是求，唯险是据。后骑欲来，前马反顾。既将有为，退亦何害？语不云乎：日暮途远，故倒行而逆施之也[①]。

雅趣小书

【注释】

① 倒行而逆施：出自《史记·伍子胥列传》，原指做事违反常理。此处意谓为达目的，可以变通行事。

入夹

凡遇飞龙院，下三路，散采不许行。遇诸夹采，方许行。词曰：

昔晋襄公以二陵而胜者^①，李亚子以夹寨而兴者^②，祸福依伏，其何可知？汝其勉之，当取大捷。

【注释】

① 《左传·僖公三十二年》：晋文公卒，秦穆公兴兵伐晋，晋襄公御之。秦国大夫蹇叔进谏穆公，"蹇叔哭之，曰：'孟子，吾见师之出而不见其入也。'公使谓之曰：'尔何知？中寿，尔墓之木拱矣。'蹇叔之子与师，哭而送之，曰：'晋人御师必于殽。殽有二陵焉：其南陵，夏后皋之墓也；其北陵，文王之所辟风雨也。必死是间，余收尔骨焉。'秦师遂东。"秦师终为晋襄公所败。

② 李亚子：后唐庄宗李存勖小名。《新五代史·唐本纪》第五："天祐五年正月，即王位于太原……梁夹城兵闻晋有大丧，德威军且去，因颇懈。王（李存勖）谓诸将曰：'梁人幸我大丧，谓我少而新立，无能为也。宜乘其怠击之。'乃出兵趋上党，行至三垂岗，叹曰：'此先王置酒处也。'会天大雾昼暝，兵行雾中，攻其夹城，破之。梁军大败，凯旋告庙。"

落堑

凡尚乘局，下一路谓之堑，不行不打，虽后有马到亦同。落堑谓之同处患难，直待自掷诸浑花赏采、真本采、傍本采；别人掷自家真本采、傍本采，上次掷罚采，下次掷真傍撞方，许依元初下马之数飞出。飞尽为倒盆，每飞一匹，赏一帖。词曰：

凛凛临危，正欲腾骧而去；骎骎遇伏[1]，忽惊阱堑之投。项羽之骓，方悲不逝[2]；玄德之骑，已出如飞[3]。既胜以奇，当旌其异。请同凡例，亦倒金盆。

［注释］

[1] 骎（qīn）骎：马飞驰貌。

[2] 项羽有马名乌骓，《史记》载其被围垓下歌曰："力拔山兮气盖世，时不利兮骓不逝。"

[3] 刘备字玄德，屯兵樊城时，刘表遣人追杀，"所乘马名的卢。骑的卢走，堕襄阳城西檀溪水中，溺不得出。备急曰：'的卢，今日厄矣，可努力！'的卢乃一踊三丈，遂得过。"

倒盆

凡十马先到函谷关，倒半盆；打去人全马，倒半盆。全马先到尚乘局为细满倒倍盆，遇尚乘局为粗满倒一盆。落堑马飞尽，同粗满倒一盆。词曰：

瑶池宴罢，骐骥皆归；大宛凯旋，龙媒并入①。已穷长路，安用挥鞭。未赐弊帷②，尤宜报主。骥虽伏枥，万里之志常存；国正求贤，千金之骨不弃③。定收老马，欲取奇驹。既以解骖，请拜三年之赐④；如图再战，愿成他日之功。

-------------------- 【注释】 --------------------

① 大宛：古西域国名，其地产良马，因以指代良马。龙媒：亦指良马。

② 弊帷：破旧的帷幕，多用以埋马。

③ 《战国策·燕策》："燕昭王收破燕后即位，卑身厚币，以招贤者，欲将以报雠。故往见郭隗……郭隗先生曰：'臣闻古之君人，有以千金求千里马者，三年不能得。涓人言于君曰：请求之。君遣之。三月得千里马，马已死，买其首五百金，反以报君。君大怒曰：所求者生马，安事死马而捐五百金？涓人对曰：死马且买之五百金，况生马乎？天下必以王能市马，马今至矣。于是不能期年，千里之马至者三。今王诚欲致士，先从隗始。'"

④ 《晏子春秋·内篇·杂上》："晏子之晋，至中牟，睹弊冠反裘、负刍息于涂侧者……对曰：'我越石父者也。'晏子曰：'何为至此？'曰：'吾为人臣仆……'晏子曰：'为仆几何？'对曰：'三年矣。'晏子曰：'可得赎乎？'对曰：'可。'遂解左骖以赠之。因载而与之俱归。"

樗蒲① 经略

程大昌②

投五木琼檽玖骰③

博之流，为樗蒲，为握槊，为呼博，为酒令④，体制虽不全同，而行塞⑤胜负取决于投则一理也。蔡泽说范雎曰："博者，或欲大投。"班固《奕指》曰：

【注释】

① 樗蒲：即"樗蒲"。中国古代博戏，又称"五木"，东汉至隋唐长期流行于中国民间和宫廷。以五木为骰，通过五木的色样变化形成不同的采数，论输赢，有马、矢等棋子，游戏诸家互相攻取。

② 程大昌（1123—1195）：字泰之，徽州休宁（今属安徽）人。南宋政治家、文学家、思想家、哲学家。

③ 五木、琼、檽、玖、骰：都是古代博具，五木即下文所释五种木制博子，称为"五木"。琼、檽、玖、骰，都是古代类似色子的一种博具，以其制作材料和形状的不同而命名。

④ 握槊、呼博、酒令：皆为古代博弈类游戏。

⑤ 塞：琼投掷出后呈现的一种采数。琼是一种类似球体的博具，为长方形六面体，刻四面为眼，眼称为齿。齿上涂有色彩，称之为"齿采"。不同的齿数属于不同的齿采。其中刻画一划的称为塞，刻为两划的称为白，刻为三划的称为黑。

"博，悬于投，不必在行。"投者，掷也。桓玄曰："刘毅^①樗蒲一掷百万。"皆以投掷为名也。

古惟斫木为子，一具凡五子，故名五木。后世转而用石，用玉，用象，用骨。故列子之谓投琼^②，律文之谓出玖^③。凡琼与玖，皆玉名也。盖谓蒲者，借美名以命之，未必真尝用玉也。

【注释】

① 刘毅（216—285年）：字仲雄，魏晋时期名臣。

② 投琼：《列子·卷八》："楼上博者射，明琼张中。"射，投琼。明琼张中，指掷骰中彩。明琼，指骰子上有白齿的一面。

③ 出玖：亦作"出九"，一种博戏。

《御览》载："繁钦《威仪箴》曰：'其有退食，偃息闲居，操榽弄棋，文局樗蒲，言不及义，胜负是图。'"①注云："榽，瞿营反，博子也。"榽之读与琼同，其字仍目从木，知其初制，本以木为质也。唐时则镂骨为窍，朱墨杂涂，数以为采。

亦有出意为巧者，取相思红子，纳真②窍中，使其色明现而易见。故温飞卿艳词曰："玲珑骰子安红豆，入骨相思知也无。"③凡此二者，即今世通名"骰子"也。本书为"投"，后转呼为"头"。《北史》周文命丞郎掷樗蒲头，则昔云"投"者，遂转为"头"矣。

【注释】

① 《诗·召南·羔羊》："退食自公，委蛇委蛇。"郑玄笺："退食，谓减膳也。"朱熹《集传》："退食，退朝而食于家也。"繁钦，三国时文学家。字休伯，颍川（今河南禹县）人。

② 真：同"置"。

③ 温飞卿：即温庭筠（约812年-约866年），本名岐，字飞卿，唐代并州祁县（今山西省晋中市祁县）人，晚唐诗人、词人。花间词派的代表人物之一。

头者，总首之义，自镂骨为骰以后，不惟五木旧制埋没不传，而字直为"骰"，不复为"投"矣。若其体制，又全与用木时殊异矣。方其用木也，五子之形。两头尖锐，中间平广。状似今之杏仁。惟其尖锐，故可转跃；惟其平广，故可以镂采也。

凡一子悉为两面。其一面涂黑。黑之上，画牛犊以为之章。犊者，牛子也。一面涂白，白之上即画雉。雉者，野鸡也[1]。凡投子者，五皆现黑，则其名卢[2]。卢者，黑也。言五子皆黑也。五黑皆现，则五犊随现，从可知矣。此在樗蒲为最高之采。

挼[3]木而掷，往往叱喝使致其极，故亦名"呼

【注释】

① 五木每枚有黑白两面，共10面。其中的两枚白面画雉（小鸟），两枚黑面画犊（小牛），另外三枚为黑白两面，无文画。按：后文中谓每枚黑色上皆有犊，白色上皆有雉，当为错误的阐释。

② 卢：樗蒲齿采名。五黑皆现，五枚木片为"黑黑黑犊犊"，其出现概率为1/32，为樗蒲诸采中概率最小的采之一。

③ 挼（ruó）：揉搓。

卢"也。其次五子四黑而一白，则是四犊一雉，则其采名雉。用以比卢降一等矣。自此而降，白黑相杂，每每不同。

故或名为"枭"①，即邓艾言云"六博得枭者，胜"也；或名为"犍"，谓五木十掷辄犍，非其人不能是也。凡此采名，《樗蒲经》虽皆枚载②，然反复推较，率多驳而不通也。

至于骰子之制，固知祖袭五木，然而详略大率不同也。五木止有两面，骰子则有六面。故骰子着齿③，自一至六，为采亦益多。率其大而言之，则

【注释】

① 枭：樗蒲齿采名，五木投掷结果为三黑二白，有两种变化，即黑黑犊雉白和黑犊犊白白。又名为"犍"。

② 枚载：一一记载。枚，量词，意为多而详细。

③ 齿：即采，以骰上每面所刻画点数象人牙齿之排列，点数不同齿数和对应的采数不同。

是裁去五木，两头尖锐而虆长为方，既有六面，又着六数，不比五木但有白黑两面矣。

五木之制，至晋世犹复用木。然《列子》已言"投琼"，则周末已尝改玉骨也耶？或者形制仍同五木，而质已用玉石也。今世蜀地织绫[①]，其文有两尾，尖削而中间宽广者，既不象花，亦非禽兽，乃遂名为"樗蒲"，岂古制流于机织至此尚存也耶？

【注释】

---

① 绫：一种很薄的丝织品。

采

　　采本是采色之采，指其文以言也。如黑、白之以色别，雉、犊之以物别，皆采也。投得何色，其中程①者胜，因遂名之为采。今俗语凡事小而幸得者，皆以采名之，义盖起此也。此正班固所讥谓"悬于投"，而不属乎其人之有德者也。

　　《齐书》："李安民与明帝樗蒲，五掷皆卢。帝大惊曰：'卿面方如田，封侯相也。'"言其投而得隽②，非一时幸中也。此言相有福也。后周王

---【注释】---

① 中程：亦作"中呈"，合乎法度、规格、要求，此处指投掷出的花色与采数相符。

② 得隽：樗蒲中的棋子成为"马"，游戏时双方之马互相攻取，当己方之马所走步数刚好可攻击到对方之马，对方马下，称为"得隽"。隽，击中之义。

165

思政在同州与太祖樗蒲，大出衣宝，约掷卢者与之。思政敛容跪誓，愿得成卢，已果得卢。

又《北史》："梁主萧察曾献玛瑙钟，周文帝执之顾丞郎曰：'能掷雯菁头得卢者，便与钟。'已经数人不得。至薛端，乃执樗蒲头而言曰：'非为此钟可贵，但思露其诚耳。'掷之五子，皆黑。文帝即以与之。"用此而言，则得隽而名以为采，其来尚矣。

卢雉

自有骰子以后，樗蒲尖长之子遂废阁不用。凡古书、古事语及樗蒲者，其名数遂不可晓。虽非要事，要之阙所不知，终是怀慊[1]也。《樗蒲经》[2]也者，据其所见，立为之书，有意乎追补亡矣。

然古樗蒲事，在史而详者，惟《刘毅传》为著。举此之经语，以与《毅传》相较，则此书所载不能与之谐合也。故知其传不古也。

《晋书·刘毅传》曰："毅于东府聚樗蒲大掷，一判应至数百万，余人并黑犊以还。惟刘裕[3]及刘毅次掷得雉。大喜，此言众人先毅而掷，已有得犊者矣。而五木未至纯卢也。次传及毅，则遂得雉。雉者，四黑而一白。夫四

【注释】

① 怀慊：心怀不满，心怀遗憾。慊，不满，怨恨。

② 指唐李翱《五木经》，元革注，收录于《丛书集成初编》，对樗蒲五木游戏的行马、五木齿采有较为详细的解释。但具体的齿采、五木形制，后人多有争议。程大昌此书对其进行了纠正，但程氏之法仍旧值得商榷。

③ 刘裕：字德舆，小名寄奴。南朝刘宋开国皇帝，即宋武帝。

黑而一白，其采名为雉也。褰^①衣绕床，叫谓同座曰：'非不能卢，不事此耳。'雉次于卢，卢高于雉。雉亦高于他采。既不得卢而得雉，冀它人不能及，故大为之言曰：'非不能卢，直不为耳。'裕恶之，因接五木久之，曰：'老兄试为卿答。'既而四子皆黑，其一子转跃未定。裕厉声喝之，即成卢焉。四子皆黑，其余一子若不得黑，即必现白。如又现白，即是四黑一白，采当为雉矣。裕若得雉，即不能胜毅。故一子之转跃未定者，裕遂厉声喝之，使现黑采也。黑采既现，即五子皆黑，遂可以成其为卢也。卢现，而雉自降等，故毅怨裕不肯相借也哉。毅意不快，曰：'亦知公不能以此见借也。'"

用《毅传》所记以求晋世之樗蒲采名、齿数，予之前说悉与之合也。刘裕所得之卢，是五子之半面为黑者，皆现乎上。而五子之半为白者，皆藏于下。俯仰合计，则五子通为十面。

半白半黑，具足无欠，而五木之齿数亦相应协，

【注释】

① 褰：解开，揭起。

无欠无余矣。

自斯以往，黑白两面交致，其杂亦随齿立名，而不出乎白黑两面。是皆有数可数，故亦有象可画矣。今此经所绘白、黑，遂有不可推较者，失在误添纯白、纯黑两色，故其说不与史合耳。今先列旧图，而后别立新画，贵其易晓。

按：《樗蒲经》旧画只有四木。四木者，博子四个也。不是一木簇为四角，古蒱子皆言五木。故知旧经误画。①

若本《晋传》而求之，则五黑者，五子固皆为黑，而黑上皆画为犊。无有纯黑而不为犊形者也。五白

【注释】

① 按：程氏所列《樗蒲经》五木图及程氏订正图如下页所示。其右侧为《樗蒲经》卢雉图，左侧为程氏图。《樗蒲经》五木图卢：黑质犊文，全黑无文，全黑无文，黑质犊文，黑质犊（顺时针）；雉：黑犊，阙，白质雉文，全黑暗，黑犊（顺时针）。程氏图卢：黑犊，黑犊，黑犊，黑犊，黑犊（顺时针）；雉：黑犊，黑犊，白质雉文，黑犊，黑犊（顺时针）。按程氏之断言亦有错误之处，李翱《五木经》、李肇《唐国史补》记载有五木的色别、采名，以其验证程氏之图，仅能解释卢、雉、白等数采，无法表示纯黑、纯白之采。

者，五子皆白，白者画雉。无有纯白而不为雉形者也。于是合而言之，其阳能现五犊，则其阴必藏五雉。

二五为十，而五子之十面无欠无余，推之而皆可通矣。今旧图之于五黑也，以其三画犊，以其二纯黑，则是五子之十面者以其半为纯黑，以其半为黑犊，乃可应数。不知十面皆黑，安得别有一白越自外来，而间乎四黑之间，可以命之为雉也耶？

若每子皆有四面，两面有文，黑上画犊，白上画雉。两面无文，纯白不画雉，纯黑不画犊。且以刘裕所投言之，四黑已见，其一白若专是白，而上无画雉之文，则此之一白而间五黑，何以得名为雉也？凡此皆推而不通。今故别为之图，而正搋经之误。使史语明白[1]。

[1] 程氏此说误。按李肇《唐国史补》卷下："其骰五枚，分上为黑、下为白。黑者刻二为犊，白者刻二为雉。"即五木的十面中，不应都画雉、犊，黑面和白面中分别只有二面画犊，二面画雉。其他三面为全黑和全白。

五白枭棁

老杜《今夕行》曰："冯陵大叫呼五白，袒跣不肯成枭卢。"[1] 观其意脉，正用刘毅事。而五白非樗蒲所贵，不知杜独何据也？樗蒲家谓二白三黑为棁。棁，恶齿也。《御览》曰"六博五揶"，皆棁，不为不能。则知棁为恶齿也。

枭名甚多。邓艾曰："六博得枭者胜。"此艾因牙[2] 上有枭，姑为安众之言耳[3]。《韩子》曰：儒何以不好博？胜者必杀枭，是杀其所贵也。儒者以为害义，故不博。据此言之，则枭固为善齿，而杀枭者又当得隽。则枭之采品甚低，非卢比也。老杜概言"枭卢"，亦恐未详。

【注释】

① 冯陵：意气风发的样子。袒，脱去上衣，露出身体的一部分。跣，光脚，不穿鞋袜。

② 牙：指牙帐。将帅所居的营帐。前建牙旗，故名。古时将帅大旗，立于帐前，其上绘有象牙作为装饰。

③ 枭鸟鸣叫，古时以为不祥之兆。邓艾恐枭鸣不详，扰乱军心，因以之与樗蒲枭棋相联系，说成是取胜之兆。

牌①经十三篇

明·冯梦龙②

第一篇　论品

未角智，先炼品。毋多言，崑山③谓牌为闭口叶子。毋舞机，如认牌、偷牌及诳语惑人皆是。毋使气，毋堕志，毋侥幸，毋阴嫉，得勿骄，失勿吝，大败勿恋，大胜勿劫，俗曰劫赌。其争也。君子斯为美。

【注释】

① 牌：此处的牌即"马吊牌"。在唐代叶子戏的基础上发展而来，16世纪到19世纪盛行中国城市乡间。

② 冯梦龙（1574—1646）：明代文学家。字犹龙，又字子犹，号龙子犹、墨憨斋主人等。代表作《喻世明言》《警世通言》《醒世恒言》，南直隶苏州府（今江苏苏州）人。

③ 崑山：即昆山：叶子戏的一种。画有水浒人物，为马吊牌的起源。

第二篇 论吊 [1]

谚云："牌无大小，只要凑巧。"不凑巧，不能吊也。一牌死 [2]，二牌生，三牌则死一，四可以死二，五则可以死三矣 [3]。将欲取之，必固与之；将兼取之，必各与之。先与一卓 [4]，方可吊之。假张先出，多留假张，则吊不稳。**重张先得**，惟重张方可，不然则缺路矣。**利则速往**，如假张得利，必敌人难于正本。速往，彼仍让矣。若待他路既通，彼有真张为副，必不让也。**败则改图**。若遽为敌擒，则此路彼必尚有，不宜复往。美不欲尽，尽，则何以制人。擒不欲早，

【注释】

① 吊：提取。马吊牌以大牌提取小牌。又有牌出一圈为一"吊"、得牌多称为"吊"的说法。

② 牌死：马吊牌为四十张纸牌，得一张牌称为"上桌"，得二牌叫"正本"，得牌多称为"吊"，被吊不上正本叫做"死"。

③ 谓必须保持有两张牌可胜，才有取胜的希望。

④ 一卓：牌走完一圈叫一吊，得两吊者保本，三至五吊为胜一桌。

早，则索然无味。**与其起桩**①，**毋宁纵散；与其苟活**〔如无赏②，而正本之类〕，**毋宁殉敌。**故单或呈巧，或不能正本，而只以一牌吊死桩家，忠之属也。若桩家遇丑牌③，亦可用此术，以吊死散家④。**五或见拙。**五卓，或与三卓同吊，谓之臭五卓。

先、后，人、己之间，可不审与？

【注释】

---

① 起桩：即起庄，重新开始新的庄家。

② 赏：马吊牌四门（文钱、索子、万字、十字）中最大的牌，称为"四尊"，叫做"赏"。即万万、九万、九索、空没文。

③ 丑牌：谓摸到的牌不佳。

④ 散家：即除庄家以外的其余各家，也称为"闲家"。

第三篇　论发[1]

牌之死生，吊之多寡，全系发张。我以往，则彼以来。故小者先，而大者后。小可众战，所多之路虽小，可斗。若权在底家[2]，可以用情。大莫孤行。如次赏[3]顶张[4]之类，独而无继者，慎勿轻出，倘犯敌锋，必无幸矣。无张而发，非穷则诈。如他路大而不真，又无副张可发，此穷牌也。虽空路，亦不得不发矣。若他路本有真赏，而反发空路者。志在于吊也。桩家往往以此惑人。低牌照底[5]，计出无聊。谚云：牌低照底发。

─────────────── 【注释】 ───────────────

① 发：指发牌。

② 底家：第四家。同是闲家，故可以"用情"。

③ 次赏：次于"正赏"的四"副尊"：千万、八万、八索、半文。

④ 顶张：指上家打出什么样的牌，自己就留什么样的牌，以便吃进。或谓牌中的"一"为顶张。

⑤ 底：底牌。

盖既无关系，则照底牌，以听天数，勿误认其有也。**散**[①]**勿轻忘**。散家所出之路，多有留张待斗，切勿忘之。**桩勿过信**。发有不发无，常理也。在桩家，则不可尽信。**单路者险**，单路非头，未必斗着，故曰险。**双路者稳，三路者盛，四路者全**[②]。**险急**，得便宜急上卓。**稳迟**，可以缓。**盛宽**，可用情于人。**全劲**。不劲则不能多吊。要之，相机而行可也。**虽有智者，不易吾言矣**。

━━━━━━━━━━━━━━━━━━━━ 【注释】 ━━━━━━━━━━━━━━━━━━━━

① 散：散家。即闲家。

② 谓马吊牌按花色共分四门（文钱、索、万、十万），牌路越多则越有利，有一路，则四门中只占一门；四路则四门皆占，因而利大。

第四篇 论捉放^①

马吊之法，三人同心，以攻一桩。凡决取、舍，须权上、下，谓上手、下手。桩在上，宜纵；桩在下，宜截。虽不正本，亦宜邀截，所谓单或呈巧者也。若牌大，亦不必。**顶张不嫌轻放，**如九万放八万，八万放七万之类。苟非桩家，皆可。**同张不必累捉。**如六万捉五万，五万捉四万之类，与不捉同。反为折张，而有利于桩。**正本之后，切勿求多，**宁关以制人；**有赏之家，何妨故让^②。**谚云："看赏面。"

------------------------------ 【注释】 ------------------------------

① 捉放：捉，马吊牌以大牌提取小牌，称之为"捉"；大牌同样可以不捉小牌而纵之，称之为"放"。

② 让：故意纵之谓"让"。

第五篇　论门[1]

角有体[2]乎，曰："有。一门为正，二门为佐，三门为杂，四门不成牌矣。门之生熟，视赏所标。已出赏者，为熟路；未出赏者，不论已发、未发，总谓之生。**去莫若生**。若多留生张，未免惹生矣。**存莫若熟**。真生但喜重头，如万门属生，而八七万在手，偶出其一，他人即有九万，亦未必便得利也。**假熟须防缩脚**。已发而未见赏者，谓之假熟。此路之赏，未必不起，但难于正本。故缩脚以待耳。若大者既尽，彼必以一大、一小正本矣。**势必惹生，宁为先发**。虽有两赏，而无小牌以副[3]之，出后仍须惹起生路，不如先出生路，而藏赏，以制人也。**谋能料敌，方可翻青**。如斗至第七张[4]，本有熟路，而忽然

【注释】

① 门：即马吊牌的四门：文钱门、索子门、万字门、十万门。

② 体：分别，分体。

③ 副：副牌，辅助。

④ 马吊牌共40张，4人入局，每人分牌8张，余8张置于中央。轮流出牌，即每人共出8张。出至第7张时，手头只存一张，此最后一吊决胜负场，尤为重要。

出生，谓之翻青。此必逆料散家之无、桩家之有，而出奇以穷^①之。要之，不可为常也。经曰："多算胜，少算不胜。况无算乎？"^②

【注释】

---

① 穷：使困窘。

② 《孙子兵法·始计第一》："夫未战而庙算胜者，得算多也。未战而庙算不胜者，得算少也。多算胜，少算不胜，而况于无算乎！"

第六篇　论灭

　　夫擒贵及时，灭亦有序。早日催张，言催人之捉灭也。迟日恋灭。谓恋而不舍。催则利人，先人而灭，则人窥我之虚，而擒纵惟所操矣。若桩在下手，尤忌。恋则餂^①人。或大小^②而擒之，未必己有，或过大而纵之，恐为人截，故意俄延^③，以觇^④下手之有无，此狡计也。纵有深心，已玷雅品。惟赏无前后，不妨速灭，次与顶张，终非其例。次赏与顶张，虽止受一牌之制，然先灭，则人得窥其有无，故宁后也。至于听斗，如丑牌有灭无捉，懒于应人，总灭去，听三家自斗，耻同降敌。招侮取辱，君子所戒。

【注释】

① 餂（tiǎn）：诱取。

② 大小：即太小。大，即太。

③ 俄延：拖延。

④ 觇（chān）：偷偷地查看。

第七篇　论留

正本之艰，留张最重。生路无大，熟路无小。真极①胜于假赏。熟斗之路，极有时真。若生路，虽次赏，未必他人无正赏之留也。存两不若守一。如别路不真，留亦无益，不如单守一路，可幸而遇之。然而受制尚多，熟或取败；出其不意，生或见功。是在一时之权巧而已。

【注释】

① 极：四门牌中的最小者。即九文、一索、一万、二十万。

第八篇　论隐

　　凡牌分到手，喜愠勿形。谲者倒用，终亦易测。或盛而故为愁叹，或衰而反作张扬，虽欲眩人，难逃识者。无声无臭，斯其至乎。失未及七，牌不可弃；美虽已尽，锐若方始。挫而不衰，久而弥整。即算人不足，于以御人，算有余矣。

第九篇　论忍

忍之为道，利可割，而艰可贞。无赏之家，勿忙正本。无赏则关系至小，即不正本，无伤也。熟战之路，勿急上卓[①]。熟路不来，或急于上卓，则少情矣。宁输一牌，勿容桩起；宁少一吊，勿容桩比。末张不真者，谓之比张，如桩家先有一卓，则亦在比中，万一正本，为害不小，故宁少吊一家，毋留假张，以起桩。万全之术也。

【注释】

① 上卓：即上桌。得一牌称为上桌。

第十篇　论还①

博戏录

谚云："末家牌落得来。"此言底之有权也。第四家为底家。牌到此，擒纵惟命，故其权最重。**善算者，务以底制桩，而不使桩作底。待可共功，何妨故纵？** 如头家与末家同路，多纵之，则各吊一家矣。**纵大者，小必报；纵小者，大亦偿。** 小牌屡得卓，明知纵我，则虽大亦还张矣。**张可还，而不可抽。** 抽己牌以示之，照会出此路也。**双张有尾，** 凡两张连出者，必有第三张来矣。**两路无头。** 凡两路求人者，必还后一路，谓之正本张。**万一失信，静以俟②之。苟见于色，是谓自窘之道。** 如已无还张，误信其有，而放之，只宜静待，苟见于色，为他家所觉，谁肯犯我之锋哉。

〔注释〕

① 还：纵而复来叫还。

② 俟：等待。

第十一篇　论意

　　凡牌在人手，虽不闻不见，可以意之。示小者，流多长；凡好牌，多先出小，虽小，屡得卓，必有大者在手。用大者，道每短。若急出大张、正本，其余可知。灭疾者，牌必丑。可灭者多故疾。捉急者，门必狭。牌止一路，难于正本，捉必急矣。可擒而故纵者，饵也；知其牌丑，姑让一卓，而并吊之。可纵而故擒者，狠也。如九万、七万在手，而不放八万之类，恐人得卓，少我一吊也。饵则速图，彼既饵我，其牌必盛，我当速图正本。狠当徐守。彼有兼并之意，我速图则败矣。藏盈而出虚者，桩家之巧也；凡桩家发牌，多发己所无之路，为疑兵。其有者，反藏，以待人也。弃少而用多者，散家之常也。多则便于来往。先大后小者，求也，以小还张；先小后大者，探也，本有大者，恐犯敌锋，先以小探之。得本惹生，多应通路；既正本复发生张，必手有大牌，欲通此路，以便于擒也。独行无继，须识关[①]门。突出大张，而不还者，

--【注释】--

① 关：留牌以制人叫关。

必是重张，欲留以关，人不肯缺此一路也。大牌显^②灭，决有副张；如灭八万，必尚有七万，信其已灭，必堕其术中也。熟路忍去，定皆正赏。赏不忍弃，故宁去熟张，以图侥幸。散则迎之，桩则避之。繇^③此而推，思过半矣。

第十二篇　论损益

凡战之道，同智相角，奇趣乃呈，择大者愚，不论生熟，但择大者留之，此左计也。备多者拙。牌虽四门，未必尽用，若每路备之，反致掣肘。恋赏者，必速亡；若熟路必不可弃者，宁灭生赏；若恋之不舍，其亡必矣。贪吊者，必起桩。如惹生，及容桩、凡张之类。一人用智，庇及两家，其或寡谋，累亦非小。语云："益者三友，损者三友。"[1]此之谓也。

【注释】

① 语出《论语·季氏》："益者三友，损者三友，友直，友谅，友多闻，益矣。友便辟，友善柔，友便佞，损矣。"

第十三篇　论胜负

夫胜负虽微，几则先见。丑牌得利，必有奇祥。三赏不开[1]，定非佳兆。桩前色样，半是凶微。过后牌来，足占[2]福薄。头赢难保，终赢难胜，方为全胜。否极而泰，切勿矜持。盛过忽衰，急须谨守。至于洗有烦简，拍有厚薄，智巧之士，亦多变通。然一饮、一啄[3]，有数存焉。落桩未必美，落桩虽便于出赏，然谚云："三落桩，输得慌，落桩七，输得急。"等语，亦有时而验。居三未必恶。谚云："好牌不落第三家。"当其运隆，遇寒亦济，及其气尽，逢吉变凶。困亨之化，断乎不爽。夫开有不同，或独开，或对面开，或并肩开，或连三开，或满场开，或单开，或双开，或接手开，谓

〔注释〕

① 开：赢筹称开。

② 占：推测，预测。

③ 一饮一啄：此处形容赢牌和输牌之后的不同举动，借以代指输赢。

桩前开人，而临桩复自开。**或灭杀开**，或桩前有赏，灭死，而桩上反开。**或余气开**，四家牌虽已周，而桩牌过盛，势未必遽斩，尚有余气。**或代开**，上手应开而不开，或应大开而开之不尽，下手有望。**出注多寡，以意裁之。时至而不乘，与非时而强索，两者皆败道也。**

马吊脚例

吴龙子犹[1] 撰
江元机 校定[2]

　　斗法利病，《经》[3]中言之最悉。其规条似吾杭差胜[4]，故从吾杭损益之。

【注释】

① 龙子犹：即冯梦龙。

② 江元机校定：此五字明万历间刻本《重订欣赏编》有，但《说郛续》吊三十九无。

③ 即冯梦龙《牌经十三篇》。

④ 差胜：稍强，稍稍胜出。

缘起

四路①之中，惟十门②居多。万万正赏，千万次之，百为盈数，不甘哙伍，特置赏格，以卜造化。尊为百老，不亦宜乎。

【注释】

① 四路：指马吊牌文钱门、索子门、万字门、十字门四门。

② 十门：即十字门。共11张，从大到小依次为：万万贯，千万，百万，九十，八十，七十，六十，五十，四十，三十，二十。

名目

得牌曰"上卓"，得二牌曰"正本"，多曰"吊"，被吊不正本曰"死"，无卓曰"赤脚"（两牌如双履，不可缺一）。独赢一家曰"独吊"，共赢一家曰"合吊"，两家分赢曰"各吊"，四家正本曰"四和气"。

百万曰"百老"，又曰"大公突"；九十曰"小公突"；五、六、八万，俱曰"雌突"。以其皆有双人突出也。百老上卓又正本，曰"大活"；百随配一雌突，曰"大活百突"。凡有公无雌，有雌无公，俱不作突。

止正本，百老不上卓，曰"小活"；百随配一雌突，曰"小活百突"。有百老既不上卓，又不正本，曰"死百"；或止上卓不正本，亦曰"死百"。随配一雌突，曰"死百突"；九十随配一雌突，曰"小突"。百老，九十，五、六、八万俱全，曰"全突"。

开散家各一注曰"敲门"。四尊曰"赏"，四副尊曰"次赏"。赏上曰"活"，否曰"死"。四小曰"极"。无制曰"真"，有制曰"假"。取之曰"捉"，纵之曰"放"，纵而复来曰"还"。故纵曰"让"，填之曰"灭"。初出张曰"发"，后曰"出"。留以制人曰"关"。

买家曰"桩"，出注曰"冲"。如加注则曰"加一冲、二冲"之类。赢筹曰"开"。先桩而颠倒之曰"洗"，或曰"清"，或曰"溲"。中而剖之曰"拍"，散之曰"分"[1]。散之起、卒，曰"头"、曰"末"。

百千万俱上卓曰"三开"。百千万配空文[2]曰"四红"。次赏上卓而底牌次张值正赏曰"假达"。八牌俱上卓，曰"八卓全收"。

【注释】

[1] 拍、散具体意义不明，似与今麻将当中的码牌进而分成四边四摞相当。

[2] 空文：文钱门中最大的牌。文钱门以牌面数目小为大，空文最大，九文最小。

牌式

牌式必须官样。如太仓卫前、昆山司马桥、苏州桃花坞，并称牌薮[1]，以夹青纯绵纸者为上。若细画者谓之"小娘牌"，狭小者谓之"轿夫牌"（如苏州葑门[2]牌类），矮阔麤[3]恶者谓之"孤老院牌"（如苏州唐家牌类），墨写模糊难辨者谓之"鬼牌"（江西多用之）。俱勿用。

【注释】

① 牌薮：意为马吊牌制作聚集之地，制作中心之地。

② 葑门：苏州城门，在城东。

③ 麤：古通"粗"。

坐次拍散

　　牌卓贵方，坐用四面。卓上铺毡，以防污损。或钱或马①，多寡随意，派定四脚。他客别以戏具自娱，慎勿聚观取厌。脚数既定，先以牌分四聚，人拈其一，视大小为坐次。

　　万万最尊，空文最卑，然后再分再拈，以定桩首。四人轮桩，周而复始。惟大活留桩，异赏夺桩。桩上首洗牌，下首拍而散之。

　　散牌数法，桩对面起（故马吊脚，又名"四不闲"也）。四八自得②，三七到桩，一、五、九过身③，空百千万俱作一数，每人八叶，各四而再周之④。

------------------------【注释】------------------------

① 马：马子。古代表胜之工具。与如今的天平砝码类似，记刻重量，以表胜负。马子与相应重量的金银相对等。

② 此处指的是散牌的数法。

③ 过身：即庄家的对家。

④ 每人一次分四叶牌，分两圈分到八叶牌。周，轮一次。

买注

公议若干起、若干止^①，即大负之后，不得溢额，以图侥幸。

【注释】

① 即注的最高、最低限额。

斗百老法

百老既分死活，则十门为虚位，非百老在手，不可斗也；千万为留守，非百老已出，不可斗也。若千、万①俱有，又可出万以图尊，留千以制百。若三路既竭，十亦竞出，纵活百老，亦不代赔。

【注释】

① 千万：此处指千万和万万。

吊法

止一牌上卓，输一吊；即二牌俱不上卓，亦止输一吊。有三牌，赢一吊；即有五牌，亦止赢一吊，所谓"臭五卓"是也。若两人无牌，两人四卓，则各赢一吊。若两人三卓，一人无牌，则分赢一吊。故出注宜双，不宜单，以便分也。

看赏①法

四尊曰"正赏"，其次曰"次赏"。正赏在面，次赏代之。如有②拍出九万，则以八万代正赏。看赏用底牌面叶之次。倘次逢正赏，则次赏谓之"假达"，罚与三人各一注。若预先灭死，不论。凡赏，须上卓，须正本。不上卓，即上卓而不正本，皆系死赏，不论。

【注释】

① 看赏：手中有赏牌（四尊、四副尊），可得赏。

② 如有：《说郛续》吊三十九作"如"，无"有"字。

兔斗①

四极②开③三家各一注，兔斗。十门满五张者，兔斗。余三门满六张者，兔斗。凡遇兔斗，俱另拈桩。

【注释】

① 兔斗：手中握有某特殊之牌，符合兔斗规则的，可以宣告兔斗。但是兔斗并不意味着必定赢牌，亦有可能输牌。

② 四极：四副极牌。四门中最小的四张牌。

③ 开：赢筹称开。

开注

　　赏一注：大活、敲门一注。死百一注。假达，三家各开一注。四极开三家各一注。吊一注，小突一注。

　　小活二注，死百突二注。

　　大活三注，三开三注。

　　小活百突四注，四红四注。

　　大活百突六注。凡突随百开，如妻以夫贵。

　　八卓全收八注。七卓亦谓之"全收"，以俱打倒也。若他人先得一卓，以后得七卓，不算。

　　以上桩家开散家，散家止开桩家。遇重款即重开。大活，散家不敲①桩家，桩家不敲散家，止散家大活，敲二散家。

　　如牌有异赏，三家齐贺②。不论当桩与不当桩。

―――――――――【注释】―――――――――

① 敲：即敲门。赢散家各一注。

② 贺：即赏。

四尊四极全，贺八注，八红贺六注，八红有百老者贺七注，浑成贺四注（八牌一门）。十门浑成有百老者贺五注，全突贺五注，四尊贺四注，四尊有百老者贺五注。

　　以上俱以全吊论，不许复角，竟夺作桩，止有百老之家免贺。

罚例

应洗牌不洗者罚一注，仍洗；不应洗误洗者罚一注，改正。洗毕见百老者罚一注，另拈桩；洗毕错授人者罚一注，改正。拍牌见百老者罚一注，另拈桩。误分者，未看牌，罚一注，改正；已看牌，罚五注，给有百老之家，免斗（误多、误少、错分、不轮分而分[1]，俱谓之"错"）。

分牌失手翻转，白[2]者一注，红[3]二注，赏三注，百老四注；所罚给被翻之家，惟翻百老者另拈桩。误出者罚二注，改正。误捉者罚二注，作灭。所出非赏而灭牌越次者罚二注。显灭者罚二注。（以上从"误出"至"显灭"四则，如有关系[4]，俱代人[5]认开数。）

------------------------------【注释】------------------------------

[1] 即前所谓的"三七到庄，四八自得，一五九过身"之讲究。

[2] 白：或与"红"相对，谓四门中每门最小的两张牌：九文、八文，一索、二索，一万、二万，二十万、三十万。

[3] 红：万万、千万、空文、半文及九、八万，九、八索都是红。

[4] 关系：涉及到其中任意一条。

[5] 这里指代替被侵害利益的玩家。

窃看底牌面张者罚二注，窃看他人灭牌者罚二注，相顾抽张及明言者罚五注。出十门千万致活百老者，及故纵桩牌活赏者、斗法低矢[1]致活桩家者，俱代人认开数。（如已正本者止认一开，未正本者认二开。活散家止代桩认，若活桩家则兼三家认。）

虽千万系正赏，亦不得藉口；愿认者听。误出至第二牌者举出，免斗；如有百老与赏家举出，罚如分错例。多张者及少张者，俱不准捉。多张则留门既多，未免有弊。若少张则直作已灭，故俱不准捉。虽赏亦不论。末张多者，不准留。谓末张故留二为观望也。

以上凡罚俱入官堆[2]，俟后大活百[3]得之。如一牌未有大活，则人加一子入官堆。

【注释】

[1] 低矢：故意放低筹码。矢，古代投壶用的筹。形容对庄家手下留情。

[2] 官堆：即共同的赌注。

[3] 大活百：即大活百突。百老（百万）随便配一个雌突（五、六、八万）。

牧猪闲话① （选译）

吴江金学诗二雅② 著

燕射③投壶④，载于礼经。古圣贤游艺之具尚矣。下此以戏具角胜负者，围棋之制最古，至于今不易。

他若博也，握槊也，双陆也，长行⑤也（见《唐书》及李肇《国史补》），九胜局也（见《记

【注释】

① 牧猪："牧猪奴戏"的缩语，对博、弈的一种鄙称和戏称。《晋书·陶侃传》："樗蒲者，牧猪奴戏耳。"

② 金学诗：字韵言，号二雅，晚号梦余道人，江苏吴江人。乾隆二十七年（1762）举人。工诗文，有《播琴堂文集》六卷，《诗集》十二卷。

③ 燕射：古代射礼之一。指宴饮之射。

④ 投壶：古代宴会礼制，亦为娱乐活动。宾主依次用矢投向盛酒的壶口，以投中多少决胜负，负者饮酒。

⑤ 握槊、双陆、长行：皆为古代博戏。

纂渊海》①），樗蒲也，打马也（见陈振孙《书录解题》②），塞也，格五也，簺融也，弹棋也，波罗也（见徐广《弹棋经》），四维也，儒棋也（魏侍中肇著《儒棋格》，见《说郛》），象戏也，叶子也，金叶格也，金龙戏也（见晁公武《郡斋读书志》），旋棋也（同上），意钱也（此外如角觝③，蹴鞠诸戏所以角力，故不引及），或异名而同实，或一名而异用，皆见于史传及前人诗赋文集。而其法多不传。

【注释】

---

① 《记纂渊海》：类书。195卷，一本作200卷，一本作100卷，后集125卷，补集47卷。宋潘自牧撰。

② 即陈振孙《直斋书录解题》。

③ 角觝：即角抵，我国古代两人以力、技相校的游戏。

盖玩物丧志之尤，名流俊士间一涉猎，儒者所诟厉，大雅所弗尚也。且著述之家，概曰博戏，通曰樗蒲，以事涉猥琐，未暇析其原委，条其分合。又或以意改易其制，厌故喜新，所闻异词，古意寖失①，有由然矣。

北窗长昼，从睡乡中回，辄就所见闻以书籍可考者证之，古有今无者，难以臆断。故不赘。古无今有者，亦著录焉。聊以资谈谐，示寓意。倘遇运甓之陶士行②，毋乃亟取而投诸江中乎③！

【注释】

① 寖失：逐渐失去。寖，同"浸"，浸渍。

② 《晋书·陶侃传》："侃在州无事，辄朝运百甓于斋外，暮运于斋内。"后以"运甓"比喻刻苦自励。甓，砖石。陶士行，即陶侃，字士行，晋代名臣。

③ 《晋书·陶侃传》："诸军佐或以谈戏废事者，命取酒器、蒲博之具，悉投之于江。"

骰子

骰子，以骨为之。矩方觚①棱。凡六面皆镂，其中而以点识之。曰幺，曰二，曰三，曰四，曰五，曰六。惟四用朱点，余皆墨。其具以六子为限，掷之于盆，视其转止。按古人所称骰子，大抵皆指樗博之具。斫木为子，其数五木，名五木。

《潜确类书》②谓古人博骰用五子，以木为之。陈思王③造双陆，用二子，以骨为之。博骰用木。其后转而用石，用玉，用象，用骨（见程大昌《樗蒲经略》），至唐时亦用骨矣（程氏谓"投琼"见《列

────────【注释】────────

① 觚：棱角。

②《潜确类书》一百二十卷，明陈仁锡辑。

③ 陈思王：即曹植，字子建，汉末建安年间杰出文学家，曹操之子。因其生前封陈王，死后谥号为"思"，故后人尊称其为"陈思王"。

子》，则周末已尝用玉骨也。按鲍宏[①]《博经》云：所掷骰，谓之琼，或是借琼以形木之温润。李翱《五木经》云：骰，以木为之，今则以牙角。可为唐时始用骨之证）。然其形尖椭，非四方；其制画彩，非镂点；两面，非六面。与今骰子迥异（详下所引《樗蒲经略》）。今之骰子，疑始于陈思王之两骰。

《声谱》云：陈思王制骰子二。至唐末，有叶子之戏，遂加骰子至六。此其证也。《唐书·艺文志》有李郃《骰子选格》三卷。郃，字仲元，贺州刺史。今其书不传。传者房千里。《骰子选格》未知即其制否也？

刘禹锡《观博》文云：博，齿用骨，觚棱四，

【注释】

① 鲍宏：一名鲍弘。隋代政治家，传说其著有《博经》。

均镂以朱墨，耦而合数，取应期月。① 其曰异乎！古之齿，明非即五木之具也。李洞诗曰：六赤重新掷印成。②《南唐近事》③ 载刘信掬六骰于手，一掷六齿皆赤。《宋史》载王昭远一掷六齿皆赤。凡此皆即今骰子之戏。与樗博之五骰，各不相涉。自唐世骰子盛行，五骰之制渐废。程氏云：古书古事语及樗蒲者，其名遂不可晓。盖宋时已然。

骰，投也，取头掷之义。后转呼为"头"。周文帝命丞郎掷樗蒲头（见《北史·薛端传》）。古曰投琼（见《列子》）。琼，一作㮷（见繁钦《威仪箴》），又作㸇（见《颜氏训》），古律文谓之

【注释】

① 期月：指一年的十二个月。博骰六面，点数一至六，两粒骰子则最大点数为十二，暗合一年之十二月。

② 李洞：晚唐诗人，字才江，京兆人。"六赤重新掷印成"，见其诗《赠龙州李郎中，先梦六赤，后因打叶子，因以诗上》："微黄喜兆庄周梦，六赤重新掷印成。"

③《南唐近事》一卷，宋郑文宝撰。

出玖（见《樗蒲经略》），又名"博齿"（见《楚词·王逸注》）[1]，又名"穴骰"，一作"穴骼"（见房千里《骰子选格序》），又名"明琼"（见洪遵《双陆序》及晁氏《读书志》），又名"琼夐"（见李洞诗注[2]。按以上诸目多指蒲博之骰，然今骰子亦可通用）。

又博徒隐语呼为"惺惺二十一"，谓六面共二十一点也。又曰：象六，谓六只成副也（并见陶毂《清异录》[3]）。四用朱点者，相传唐明皇与贵妃采戏将北，惟重四可转败为胜。上连叱呼之，骰子宛转而成重四。上大悦，命高力士赐四绯也（见《潘

【注释】

① 《楚辞·招魂》："篦蔽象棋，有六簙些。分曹并进，犹相迫些。"王逸注："篦，竹名。簙，博齿也。投六箸，行六棋，故为六博也。"

② 《唐音癸籖·卷十九》："李洞有《赠龙州李郎中，先梦六赤，后因打叶子，因以诗上》诗。六赤，古之琼夐，今之骰子也。"

③ 陶毂（903—970）：字秀实，邠州新平（今陕西邠县）人，著《清异录》。二十一，即博骰六面从一至六点数相加为21点，惺惺，指骰面的齿点如星。

氏纪闻》）。

骰子之制，不过六子各六面。而角胜之道，种种各异。有曰掷状元者，用筹马，以四绯多者为胜。另有全色，五子一色，合巧、分相、不同、马军、四序等名，次第俱得胜采。

有曰掷升官图者，用局道最重。第一掷为进身之始。六子以四为德，以六谓才，以二三五为功，以幺为赃。遇德则超，迁才次之，功亦升转。遇幺则降罚。

有曰掷老羊者，集五六人，分朋列座，以一人轮流为庄，余皆出注。视所掷之三子。同色外，计余三子之大小为胜负。

有曰"掷挖窖"者，即视同色之三子，计其大小以为胜负。如遇四子五六皆同，则更胜。如此之类，不可枚举。今俗通行之老羊，尤甚。皆不知所自始。

又吴俗，向亲友数人敛财为会，谓之"首会"。所敛之人，按期均收。各视首会所得，以骰子闭盒中，两手扰^①之。寻开盒，视骰点多少以定得财先后。谓之"摇会"。此通财转输之举，非赌博也。然亦有藉于骰子云。

按程氏《樗蒲经略》云：博者，斫木为子，其形两头尖锐，中间平广，状如杏仁。惟其尖锐，故可转跃；惟其平广，故可镂采。凡一子为两面，其一面涂黑，画牛犊；一面涂白，画雉。

今市井无藉于广阓^②设博场，其具亦两头尖锐，四旁均作六面，镂如骰子之制。形类谏果^③而有舮棱。先设局道，大书一二三四五六等字，然后举手按骰，观者乘其转跃未定时，以钱压向某字；射中

【注释】

① 扰：（yǎn），摇动。

② 阓：（huì），古指市场的大门。

③ 谏果：橄榄的别名。

者较其所压之钱获采。四倍不中，则阿堵[1]饱设局者之橐[2]矣。谓之"转骰"，颇类意钱之戏，实则骰子形制也。

又按白乐天诗云：鞍马呼教住，骰盤喝遣输。长驱波卷白，连掷采成卢。注：骰盤、卷白波、莫走鞍马，皆当时酒令。

宋徽宗时宫中之戏曰"宣和谱"，人罕知者。皇甫松[3]（字子奇）撰《醉乡日月》一作《投琼谱》载骰子令甚详，今所传杨维桢之《除红谱》，无名

【注释】

[1] 阿堵：钱。

[2] 橐：口袋。

[3] 皇甫松：生卒年不详，一名嵩，字子奇，自号檀栾子，睦州新安（今浙江建德）人，中唐诗人，亦能词。《醉乡日月》内分饮酒、酿酒、风俗等30篇，比较全面地叙述了古代唐人的酒事。

氏之《醉绿图》①，郭樵叟之《颖谱》②，袁舜臣之
《合欢谱》③，登瀛子之《斗腰谱》④，丁讽之《双
成谱》⑤，屠豳叟之《兼三图》⑥（并见《说郛》），
皆骰子酒令也。

【注释】

---

① 《醉绿图》：明张光编制骰戏。"嘴绿"即"醉六"，六点为绿，为
见六点皆须饮酒的一种骰子游戏。

② 郭樵叟《颖谱》记载：六一令，六枚骰子每枚除去一色，从一至六皆
有，用于酒筵，一掷可以兼六种骰令。

③ 合欢谱令：明代袁舜臣拟。轮流投掷，一枚骰子掷点，至五点为胜，
不足者按缺点数罚饮。

④ 斗腰谱：以三骰行令，头尾两粒成对，中间一骰似腰，凡胜者，腰皆
粗，败者，腰皆细。四、五、六皆粗，幺、二、三、皆细。

⑤ 双成谱令，以女妓和男子相对投骰，先由男子投掷，再由女妓依次投
骰。女妓中谁与前者掷出相同点数，即配对侍寝为胜，称为"双成"。

⑥ 兼三图令：以三骰行令，参用《除红谱》《醉绿图》"赏红罚绿"
之法。

纸牌

纸牌，长二寸许，横广不及半。绘画雕印，凡六十页为一具，具各有耦。共三十种。分为三门。曰万贯，曰索子，曰文钱，皆自一至九，共二十七种。余三种曰幺头。其一万贯，一索子，一文钱亦曰幺头。万贯皆绘人形，索子、文钱则各绘其形制。

考唐李洞有《赠龙州李郎中，先梦六赤，后因打叶子》诗。晁氏《读书志》有《叶子戏格》一卷云：世传叶子，妇人也；撰此戏，晚唐之时也。

《郑氏书目》[1]有南唐李后主妃周氏[2]编《金叶子格》（见《丹铅总录》）。辽穆宗[3]宝应中正月，

------------------------------------【注释】------------------------------------

[1] 郑氏书目：宋代目录学家郑寅（约1190—1260）字子敬，莆田（今属福建）人。家多藏书，撰目录学著作《郑氏书目》七卷，将所藏书列为七录。

[2] 南唐李后主妃：即李煜的皇后周氏。李后主，即李煜（937—978），字重光，南唐中主李璟第六子，南唐最后一位国君。精书法、工绘画、通音律，诗文均善，犹长于词。被认为是晚唐五代词的集大成之人，对后世影响深远。

[3] 辽穆宗：耶律璟（931—969），乳名述律，后周为了避庙讳（后周信祖郭璟）而称之为耶律明，是辽太宗耶律德光的长子。

与群臣为格叶戏见王圻《续文献通考》。疑即叶子皆纸牌所自昉①乎？

　　按《说郛》载潘之恒《叶子谱》，乃马吊牌也。然马吊牌署宋江诸人名，则非昔时叶子决矣。杨升庵②谓叶子如当时纸牌、酒令，今所传《数钱叶谱》③天都汪道昆撰即纸牌酒令也。所谓纸牌，亦马吊牌也。

　　恐升庵时尚未有今之纸牌形制，调度前人未有著录者，大约仿马吊牌而损益之。疑始于明之末造④，

【注释】

① 昉：起始。

② 杨升庵：杨慎（1488—1559）字用修，号升庵。新都（今属四川）人。明代文学家，善诗、文、词、曲，亦是著名诗论家。有《升庵集》《陶情乐府》《升庵诗话》等。

③ 《数钱叶谱》一卷，明汪道昆撰，载于明刊本《说郛续》卷三十九。

④ 造：时代，年代。末造，尤云末年。

而盛行于今世。虽乡僻处无地不有，非甚谨愿者无人不晓，较马吊牌奚啻^①十倍！故于骰子之后，首序列焉。

聚客四人，案设罽旃^②，乃出戏具。拈一人为首，以次抹牌，每人各得十页，谓之"默和"。余二十页另一人掌之。以次分递，在局者谓之"把和"，亦曰"蠹角"。因其在座隅也。

其法以三四页配搭，连属为一副。三副俱成为胜。两家俱成，以拈在先者为胜。凡牌未出者，皆覆。既出者，仰视仰之形，测覆之数^③，以施斡运，则在神而明之。

又或于六十页之外更加一具，为一百二十页，

【注释】

① 啻：只，仅。奚啻，何止，岂但。

② 旃（zhān）：古代一种赤色曲柄的旗。罽（jì），用毛做成的毡子一类的东西。

③ 谓凭借观察已经发出的牌面情况，并推断未亮出的牌面，来决定纸牌的运作。

则每种各四页；或更加半具为一百五十页，则每种各五页，可集五六人为之。每人各得二十页以外，其余页皆掩覆。次第另抹以备弃。

取名曰"碰和"，原本"默和"之法而推衍之。抹得三页同色者，曰"坎"、曰"碰"；四页同色者，曰"开招"；五页同色者最难得，曰"活招"。相传谓前朝人图圄①中所制，故有此等名目。

或就其中数页，间涂以金，抹得者以一页当二页，谓之"碰金和"。明末士大夫多好之。又有曰"献"、曰"闯"之目，方言俚语不能具举，而识者以为流寇之谶，亦异闻也。

又按《说郛》龙氏(子犹)②云：牌式，必须官样。

【注释】

① 图圄：监狱。

② 龙氏子犹：即冯梦龙，见《牌经十三篇》冯梦龙注。

如太仓卫前、昆山司马桥、苏州桃花坞并称牌薮。以夹青纯棉纸者为上。若细画者，谓之"小娘牌"。狭小者，谓之"轿夫牌"。矮阔粗恶者，谓之"孤老院牌"。墨写模糊难辨者，谓之"鬼牌"。

今制牌工细者，仍以吴下为最。予历经燕、齐、闽、粤之地，所见牌式，皆不免龙氏所讥者矣。

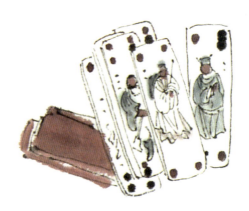

骨牌

骨牌，大者不及寸许，截骨为之。精者间用象牙，故又名牙牌。正面镂窍，如骰子式，每页用骰子两面所镂而错综之。凡三十二页为一具。具各有耦。

惟九点以三、六与四、五为耦，八点以三、五与二、六为耦，七点以三、四与二、五为耦；五点以幺、四与二、三为耦；六点以二、四与三点之幺、二为耦。谓之"武牌"。

余皆"文牌"。自为耦。《正字通》^①以为宋宣和二年所设。高宗时，诏颁行天下，谓之"骨牌"。

凡戏具，皆须纠^②率同志，惟骨牌可以独坐自怡。故功令不禁，以为非赌具也。或旅馆萧寥，或蓬窗^③寂静，未携书籍，更鲜朋欢，时一拈弄，足

【注释】

① 《正字通》十二卷，明末张自烈撰，或题廖文英撰。收字32000余个，采用《字汇》的部首笔画顺序进行编排。

② 纠：集合。

③ 蓬窗：简陋的窗户。蓬，茅草，简陋之意。

以消暇。

其名有"打五关""相（去声）十副"、"拆塔"、"掘藏"、"喜相逢"、"拾元宝"、"牵虬钻"等目。若遇两三人及四人同坐，拈一人为首，次第抹牌，以三页配搭为一副。取五子一色，合巧、分相、不同[1]等名，与六骰采色正同，谓之"游和"。

或于三十二页之外加倍而又半之，为八十页，则每种各五页。又以武牌三、六、四、五等均作每种五页，与文牌同，则又加二十五页，为一百五页。亦曰"碰和"。或以天、地、人、和等牌为将（去声），抹得者倍采。

【注释】

① 以六颗骰子掷出点色高下分输赢。在六骰之中，三三相同，称为"分相"；六骰皆不同点数，称之为"不同"。

或就其中数页添绘花枝，以一页当（去声）二页，谓之"碰花将（去声）和"。或于百五页之外，另制一页，或两三页素面，而绘以杂采，可随意呼为某牌，以其未有镂点也。抹得者，辄胜，谓之"如意君"。

大要仿纸牌之法，特小有异同。今以所镂之点绘于纸而抹之，形制大小，一如纸牌，不用牙牌与骨矣。

天牌，重六也。地牌，重幺也。人牌，重四也。和牌，幺三也。配以三、六与四、五，各九点，为"天九"。三、五与二、六各八点，为"地八"。三、四与二、五各七点，为"人七"。幺、四与二、三各五点，为"和五"。幺、二与二、四为"至尊"。

其法用四人，用牌一具，三十二页，每人各得八页，以大击小。特文、武二门，各不相统。故擅长者，能以小制大，文、武去留之间，贵有审断。所重最后一出，胜者举全功焉，谓之"抢结"（见《续叶子谱》）。

　　名曰"打天九"，又名"打四虎"者，其法小变。按"打天九"之法，与马吊牌颇近，歙人郑氏（扶曦）衍之作《混同天牌谱》[1]（见《昭代丛书》），纯用马吊法，似更新奇可喜耳。

───────── 【注释】 ─────────

① 《混同天牌谱》：清郑旭旦撰，一卷。旭旦字扶曦，清初安徽歙县人。

马吊牌

马吊牌，较纸牌横纵幅俱稍广。绘画雕印并同。凡四十页为一具。一页为一种。分为四门，自相统辖。曰十万贯，曰万贯，曰索子，曰文钱。万贯、索子皆始于一，尊于九，各九页。十万贯自二十万贯始至九十万贯、百万贯、千万贯，尊于万万贯，共十一页，俱绘人形，与万贯同。文钱一门，最尊者空汤[1]。次花枝。次一二。以至于九。亦共十一页。文钱中，空汤亦绘人形，并举《水浒传》宋江诸人以实之。

古云马掉脚，谓四门如马之有四足，今俗称打马吊。按古有打马格局、打马图式，今皆不传。以文翔凤《朝京打马格》[2]（见《说郛》）证之，知

【注释】

[1] 空汤：空文门中最大的牌。

[2] 《朝京打马格》：明代文翔凤根据宋人"打马"别创的一种博戏，饮博通用。行酒时先发酒筹，局终按输钱数目罚酒。与后世的游戏棋十分类似，虽名"打马"却无马可"打"，与李清照所载的宋人"打马"大不相同。

打马非马吊牌也。歙人潘之恒有《叶子谱》①，番禺黎遂球有《运掌经》②，吴人龙子犹有《马吊脚例》（并见《说郛》），皆马吊牌之旧谱也，而后人推衍之者多矣。

四人入座，每人各分八页。法亦以大击小，而现出色样，及余八页冲出色样，出奇制胜，变化无穷。四门最尊者曰赏，次为肩，最小者为极。赏、肩、极上桌，俱堪配成色样。色样有大小，名称毋虑数十。角戏虽多，惟此最为韵事，入局者气静声和，无容争竞，故其名曰"无声落叶"。

〔注释〕

① 《叶子谱》：明潘之恒撰，原编一卷，续一卷。潘之恒（约1536—1621）明代戏曲理论家，字景升，号鸾啸生、冰华生，歙县（今属安徽）人。

② 《运掌经》：明黎遂球撰，一卷。内容是论述叶子牌的玩法，因玩时将牌运转于手掌之中，故名。黎遂球（1602—1646），字美周，广东番禺（今广州）人。崇祯年间举人，工诗文，善画山水。

黎氏谓："思深于围棋，旨幽于射覆^①，义取于藏钩^②，乐匹于斗草^③，致恬于枭卢抛掷，非按谱探索，则不能悉其委曲，浅夫^④稚子厮养^⑤之卒，不足以与此也，故士大夫尚焉。"

又按潘氏谱有看虎之戏^⑥，亦用马吊牌为之，不行于今。

【注释】

① 射覆：古时《易经》占卜学习者所玩的一种卜测游戏。射为猜度之意。以盆碗杯盂等覆盖某一物件，猜者通过卜筮来进行猜度。有时亦写下一个字来进行竞猜。

② 藏钩：两方游戏，一方藏钩或其他小物件于一人手中，让另一方猜测，猜中者获胜。常于饮宴间举行以助兴，妇女尤好之。

③ 斗草：又称"斗百草"，古代端午流行于女子中的一种游戏，以草赌胜负，或对花名，如狗耳草对鸡冠花；或较草之数目、韧性，多而韧则胜。

④ 浅夫：见识短浅的人。

⑤ 厮养：干粗重杂活的男性奴仆之类。

⑥ 看虎：一名"斗虎"。潘之恒《续叶子谱》："看虎者，江淮间女儿角戏。"

象棋

象棋，规如制钱，斫木为之，精者亦用骨与象牙。白黑各十六枚，画局道而终分之。行止部位各不相袭。其法以车、马、砲、卒等赴敌，而又恐为敌所乘。即须自护。若大将不能脱险，即败局矣。

《文献通考》载晁补之《广象戏图序》[①]云："暇时求所谓象戏者，欲按之以消永日。盖局，纵横路十一，棋三十二，为两军耳。意苦其狭也。尝试以局纵横路十九、棋九十八广之，意少放焉；智

————————【注释】————————

① 《广象戏图序》：北宋晁补之撰，对北宋象棋通行的棋局、道数和棋子枚数有比较明确的记载。

者用之，则十九者之间，尽强弱之形；九十八者之间，尽死生之势。而十九、九十八之外，死生强弱，可循环于无穷。"按此则象棋自宋时已有之，今其遗制。而晁氏所广者不传矣。

考《后周书》：天和四年，帝制《象经》①。《隋·经籍志》《象经》一卷。周武帝撰有王褒②、何妥③、王裕三家注，今王褒《象经序》、庾信④《象

【注释】

① 《周书·卷五·武帝纪上》："天和四年五月，帝制《象经》成，集百僚讲说。"周武帝宇文邕（543—578），小字祢罗突，南北朝时期北周第三位皇帝。

② 王褒（约513—约576）：北周文学家，字子渊，琅琊临沂（今属山东）人，侨居金陵，曾任南朝秘书丞等职。后仕北周，官至宜州刺史。善作诗文，与庾信齐名，有《王司空集》。

③ 何妥：字栖凤，隋朝经学家、文学家、音乐家，西城（今陕西安康）人。著有《乐要》一卷，《周易讲疏》十三卷等。

④ 庾信（513—581）：字子山，小字兰成。南阳新野（今河南新野）人，南北朝时期文学家、诗人。其诗作前期清丽宫体，后期入北朝为仕，愈发工整有力，为南北朝文学的集大成者。

戏赋》（载《唐类函》①），其言有日月星辰之象，变俗移风之语，明非今之象戏矣。

晁氏《读书志》有尹洙撰《象棋经》②一卷，注云：凡五图，今世所行者，不与焉。而陈氏《书录解题》载汲阳成师仲撰《三象戏图》③，杉阳叶

【注释】

① 《唐类函》：二百卷，明俞安期编。唐代类书的汇编，分为天、岁时、地、帝王以至鸟、兽、鳞介、虫豸等43部，每部又分若干目。

② 《象棋经》：一卷，宋尹洙撰。又名《象棋》。《郡斋读书志》卷十五著录。

③ 《三象戏图》：汲阳成师仲编，记载三国象棋游戏的玩法。三国象棋，是中国象棋的变种，又称"三友棋"。六角形棋盘，分为三方，每方具有将、士、马、象、车等十八子。

茂卿撰《象棋神机集》[①]，俱无可考。惟司马温公撰《七国象棋》[②]，其制尚存。

本朝新安郑晋德[③]又以意制《三国象棋》云。

【注释】

① 《象棋神机集》：一卷，南宋叶茂卿撰，已亡佚。

② 《七国象棋》：中国象棋的变种，亦称古局象棋。北宋司马光创制。棋局采用纵横十九道的围棋盘，中心为周，用黄色；四面为七国，颜色各异，详见下文。七人对弈，各占一国。司马温公，即司马光（1019—1086），字君实，号迂叟。陕州夏县（今山西夏县）涑水乡人，世称涑水先生。北宋政治家、史学家、文学家。卒赠太师、温国公，谥文正。

③ 郑晋德：字破水，号"破水道人"，安徽歙县人，著有《三友棋谱》。其创制的三友棋，也称三国象棋，与前人之三象戏，略有差别。

拽子

拽子，设围棋道，以黑白棋各五，共行道中。一移一步，遇敌则许跳跃，以先抵敌境者为胜。今之儿童，皆能为之。本无名称，予为之名曰"拽子"。拽，移之转音，牵也，引也。

本洪遵《双陆序》《梦溪笔谈》以为疑即古之格五。按《汉书》吾邱寿王以格五召待诏[1]，注：乘，五，阁，不得行。故曰"格五"[2]。《后汉书·梁冀传》注：《音义》云：格五，簺也。

《说文》曰：行棋相塞，谓之"簺"。鲍宏《塞经》云：塞，有四采：塞，白，乘，五是也。至五即格[3]，

【注释】

① 吾丘寿王待诏：吾丘寿王为西汉时武帝臣。吾丘，复姓，也写作"虞丘"。待诏，汉官名。

② 原注谓："格五，棋行簺法。曰簺，白，乘，五。至五格，不得行，故云'格五'。"从下文来看，簺、白、乘、五都是格五的采名。

③ 格：阻碍，不得行之义。

不得行，故谓之"格五"。汉时格五即塞戏也。

《齐书》：沈文季善塞，用五子[1]。予考边孝先[2]《塞赋》："四道交正，时之则也[3]。棋有十二，律吕极也[4]。人操厥半，六爻列也[5]。"是行棋用六子，非五子。岂六朝时已小变其制，为今小儿拽棋之权舆[6]耶？

《笔谈》又云："簸融"一名"簸戎"，即格五也。有徐德占者，善移。遂至无敌。其法已尝欲有余裕，

【注释】

① 沈文季（442—499）：南朝齐吴兴武康（今浙江德清）人，字仲达。宋司空沈庆之子。

② 边孝先：即边韶，字孝先，东汉文学家。陈留浚仪（今河南开封）人。活动于顺帝、桓帝年间，敏有才，以文学之名。今存其《塞赋》《河激颂》《老子铭》等。。

③ 四道交正：谓塞局上纵横各有四条直线相交。时：指四时。则：法则。

④ 棋有十二：言塞戏用棋子十二枚。律吕：古代音律共十二律，分为六律六吕。极：标准。

⑤ 操：持。厥：其。六爻：《周易》六十四卦，每卦由六爻组成。此指塞戏双方各执六枚棋子。

⑥ 权舆：起始。

而致敌人于险难，知其术止如是。然卒莫能胜之。

按《尹文子》①曰：博，尽关塞之宜，得周通②之路，而不能制③齿之大小。在遇④者也。班固谓"悬于投，而不属乎其人之有德"，其意正同。鲍氏《塞经》云：行五道而投琼曰博采，呼卢迥殊。亦可因拽子想象其意。

【注释】

① 《尹文子》：战国时尹文所著，论先秦法术和刑名，今存《大道》一卷，分上下两篇。尹文，战国时齐国人，"宋尹"学派始祖，活动在齐宣王、愍王之间。其思想以名家为主，综合道法，不斥儒墨。

② 周通：言行博棋道路须求通畅，务避阻塞。

③ 制：决定。此指无法决定齿采的大小。

④ 遇：机遇，运气。

压宝压扠揸摊

压宝者，以一制钱闭盒中，分青龙、白虎[1]，前后四方之位，以钱压得宝字者为胜。压扠者，掉两钱使撇旋[2]，伺其将定，以手捺[3]之，亦分四门：两阴也、两阳也。若一阴、一阳则名曰扠。内一钱色稍赤。赤者得阳，曰前扠。得阴，曰后扠。压得者为胜。

揸摊者，随手取钱数十枚，不拘多寡，纳于器中。俟众人压毕，乃取计之。每四枚为盈数，统计凡为四者若干，余零或一、或二、或三、或成数[4]。

雅
趣
小
书

【注释】

---

① 青龙、白虎：本是古代传说中的祥瑞之兽：青龙、玄武、朱雀、白虎，统称为"四灵"，此处指压宝游戏中的赌局名目。赌徒围四方，坐庄的人叫庄家，庄家对面称"天门"；右面称"人"，亦称"白虎"；左面是"地"，亦称"青龙"。

② 撇旋：即旋转。

③ 捺：用手按住。

④ 成数：整数。

分为四门，以压得者为胜。

　　按《汉书》安邱侯张拾等并坐博掩，髡为城旦[①]。《货殖传》：博掩成富。颜师古注：掩，意钱之属也。《后汉书》：梁冀能为意钱之戏。注引何承天[②]《纂文》曰：诡亿，一曰射意，一曰射数，即摊钱也。其所由来古矣。

　　杜甫诗："长年三老长歌里，白昼摊钱高浪中[③]。"李济翁《资暇录》[④]云：钱戏，有每以四文为一列者，

【注释】

① 髡：古代剃去男子头发的一种刑罚。城旦：一种筑城四年的劳役。

② 何承天（370—447）：南朝刘宋大臣，东海郯城（今山东郯城西南）人，著名天文学家。精通天文律法和数学，曾制作《新历》，创十二补偿律。

③ 长年三老：泛指艄公、水手。三峡一带把在船头把槁相水道的人叫长年，把掌正艄的人叫三老。

④ 《资暇录》：又作《资暇集》，三卷，唐李匡文撰。李匡文，晚唐人，字济翁，宰相李夷简子。

即史传所云"意钱"是也，俗谓之"摊钱"，亦曰"摊铺"。其钱不使叠映①欺惑也。

　　诸戏皆推一人为庄，所挟赀②必倍蓰③于人方可。与众对敌，谓之开当（去声）。主胜负出纳之数。压宝者，不限人数，可容数十人。游手之徒，啸引恶少，喧哗叫呶④，驯致⑤斗殴攘⑥窃，悉由于此。競财启衅⑦，风斯下矣。近日士大夫间有好之者，要于此道中，亦未许为人流品⑧也。

【注释】

① 叠映：谓相累叠而遮挡。

② 赀：同"资"，财物，钱财。

③ 蓰：五倍。倍蓰，约称，数倍之意。

④ 呶：喧哗，唠叨，令人烦恼。

⑤ 驯致：逐渐达到，逐渐招致。

⑥ 攘：偷窃。

⑦ 衅：争端。

⑧ 流品：品类；等级。本指官阶，后亦泛指门第或社会地位。

筹马

    筹马，以象牙为之，如箸形之半，而取其方广，两而皆可画彩。如无象牙，剖竹亦便。博徒入局，囊家^①先给筹马，以代青蚨^②、白镪^③，其制大小参差。或当千，或当百，或当十，以便随意出注，并转换之用。局散之后，胜负既分，则较其得失之筹以取偿于阿堵。古所谓"点筹"也（见《唐书·中宗纪》）。

    考《楚词》："菎（《后汉书》注作"琨"）

[注释]

① 囊家：设局聚赌抽头取利者。

② 青蚨：一种虫。形似蝉而稍大，可食用。取其子，母必飞来。传说以母青蚨或子青蚨的血涂钱，钱用出去还会回来。

③ 白镪：亦作"白锵"。白银的别称。

蔽象棋"，王逸注谓以菎玉作箸，象牙为棋；"晋制犀比"注谓晋工作博箸①，比集犀角为雕饰。

马融《樗蒲赋》云：矢②则蓝田③之石，卞和④

————————————【注释】————————————

① 《楚辞》："晋制犀比，费白日些。"王逸注："晋，国名也。制，作也。比，集也。……言晋国工作博棋箸，比集犀角以为雕饰，投之皛然如日光也。"

② 矢：指樗蒲棋局上的矢子，排列成阵，数量较多，多分成数个战阵，模仿兵卒，矢阵中间有关道相隔。

③ 蓝田：县名。在陕西省渭河平原南缘、秦岭北麓、渭河支流灞河上游。秦置县，以产美玉闻名。

④ 卞和：春秋楚人。相传他得玉璞，先后献给楚厉王和楚武王，都被认为欺诈，受刑砍去双脚。楚文王即位，他抱璞哭于荆山下，文王使人琢璞，得宝玉，名为"和氏璧"。

所攻^①；马^②则元犀象牙，是磋^③是礲^④。马为翼距^⑤，筹^⑥为策动^⑦，矢法^⑧卒数。按筹为策动，即《淮南子》所云"善博者得筹必多"也。

【注释】

---

① 攻：雕刻，雕琢。

② 马：樗蒲中的棋子，象征攻城略地的战将。游戏时每人四马，依靠投掷五木决定马的行棋步数。游戏的目标是跨过矢阵和关塞，攻下对方之马。

③ 磋：磨光象牙。

④ 礲：同"砻"，打磨。

⑤ 翼：辅助。距：通"拒"。翼距，谓有助于抵御对手。

⑥ 筹：古代记数和计算的工具。

⑦ 策动：发动指示。

⑧ 法：效仿。

　　李翱《五木经》：王采^①四，盱采六^②，自十六筊以至二筊^③，次第随所掷之采以为筊之赢绌^④。筊，即筹也。马之与筹，本为二物，今则统言之曰"筹马"。凡戏皆可用之。又曰：注，马负者。视钱将尽，乃罄所有出之，谓之"孤注"（见《宋史·寇准传》）。俗谓之"尽手钱"。

【注释】

① 王采：指掷出卢，白，雉，犊中的任何一采。王采四，意即王采包括卢，白，雉，犊四种采。

② 盱采：与王采相对，盱，田民之意。盱采即民采。盱采六，指开，塞，塔，秃，橛，枭六种采。按其中枭，有两种变化。详细参考史良昭所制表，见《枰声局影》，上海古籍出版社，1991年，第19页。

③ 筊：掷五木后得到采数所规定的的行棋步数。按十六筊为卢，五木皆黑，为最高之采；二筊为枭，为最少的筊数。（具体的卢枭樗蒲概念，参考程大昌《樗蒲经略》中的详细解释。）

④ 赢绌：增减、伸缩、进退。

状元，筹者最大曰"状元"，为六十四柱。次差小曰"榜眼"，曰"探花"，各三十二柱。递至"秀才"最小，仅一柱。以骰子卜彩，视其所掷为筹之得失高下。局毕，计筹以分胜负。另有一筹曰"场谱"，开载①得失高下之数，以杜争竞。

【注释】

① 开载：逐一记载。

局道①

　　局道，始于围棋。邯郸淳②《艺经》云："棋局纵横各十七道，合二百八十九道。白黑棋各一百五十枚。"其制与今之围棋亦小异矣。其他局道之可考者，一曰"塞局"。"四道交正，时之则也"（见边孝先《塞赋》）。

　　一曰"弹棋③局"，方二尺，中心高如覆盂④，其巅为小壶，四角微隆起（见《梦溪笔谈》）。一曰"四维⑤局"，画纸为局，其长盈尺，九道并列（见

【注释】
---

① 此处的局道非游戏名，概古代游戏中所有涉及到棋局、戏局设计的规制。

② 邯郸淳（约132—？），三国魏学者、辞赋家、书法家。《艺经》所记皆博戏之事，无人物和情节。

③ 弹棋：中国古代击打类游戏，西汉末年开始流行。棋盘中间高，四周低，两侧设棋。以弹击棋子越过顶端击打对方棋子为胜。

④ 覆盂：倒扣的盂盆。

⑤ 四维：古代博棋。晋人李秀有《四维赋并序》，其玩法久已失传。四维指西北、西南、东北、东南四隅，其方位古代以乾、坤、艮、巽记之。

晋李秀《四维赋》）。

一曰"象戏"局，绿简既开，丹局直正[1]（见庾信《象戏赋》）。一曰"双陆[2]局"，以异木[3]为方槃[4]，槃中彼此内外，各有六梁，故名"双陆"（见洪遵《双陆序》）。一曰"打马局"，中央为四十九道，外为七十二道（见文翔凤《打马格》）。凡此，皆局道之证。

按今之象戏局，纵路十，横路九，晁补之谓"局纵横路十一"，与今不符，盖古法亦变矣。司马温公作七国象戏，用围棋局，用子百有二十。周一，七国各十有七：周黄，秦白，楚赤，齐青，燕黑，

【注释】

① 绿简：指"河图"。因河图字作绿色，故又称"绿简"。丹局：红色线条的棋盘。

② 双陆：中国古代游戏，传自天竺，流行于曹魏，延及明清。棋子称"马"，多作棒槌形，黑白各15枚，两人相搏，骰子掷采行马，白马从右到左，黑马反之。先出完者胜。

③ 异木：珍奇的树木。

④ 槃：同"盘"。

韩丹，魏绿，赵紫。

郑晋德作《三国棋谱》，即用象棋局道，而增其半。蜀，正向；魏、吴俱斜向。中有城，有山，有海，每国各用十八子，共五十四棋，皆仿象戏，而增益之者也。

至骰子之用，往往与局道相需并行。今俗所传"升官图"，以文武出身分仕途，以人品忠佞分胜负，六子以四为德，以六为才，以二三五为功，以幺为赃。遇德，则超迁；才，次之；功亦升转。遇幺，则降罚。其他形制大小，例类不一。

明上虞倪文正公（元璐）造《百官铎》^①，凡

【注释】

① 《百官铎》：即《彩选百官铎》。明倪元璐（1593—1644）撰。一卷。一本四卷。卷首列图例十余条。元璐字玉成，号鸿宝，浙江上虞人。工诗文，精书画，文正是其谥号。彩选是类似后世升官图之类的一种博戏，其法用四骰掷采，分德、才、功、赃，以判黜赏。铎，古乐器，形如大铃。宣教令时用以警众。百官铎，意为文武百官的警钟。

数千字，有关官制考证、国家利弊，其曰：使儿童习之，可以嬉；君相察之，可以治①。盖用意良深矣。

按房千里《骰子选格》秩例，自侍中②起至县尉③止，其目凡六十有八。《自序》云：以穴骰④双双为戏，更投局上，以数多少为进身职官之差。数丰贵而约贱。卒局，有为尉掾⑤而上者，有贵为相臣将臣者，有连得美名而后不振者，有始甚微而敛升⑥于上位者。今有"小升官图"，掷骰二枚，计点若干，视所行以为升降。字数无多，而有绘画人形。儿童喜为之。是其遗意。

【注释】

① 治：国家大治。

② 侍中：古代职官名。秦时置官，负责侍从皇帝左右，出入宫廷，与闻朝政，后逐渐变为亲信贵重之职。晋以后，曾相当于宰相。

③ 县尉：秦汉县令、县长下置尉，掌一县治安。

④ 穴骰：即骰子。见上文述释。

⑤ 掾：副官或官员署员。

⑥ 敛升：逐渐高升。敛，聚集，引申为逐步积累官位。

宋刘敞[1]撰《汉官仪新选》一卷，取本传所以升黜之语，注其下（见晁氏《读书志》）。赵明远景昭撰《进士采选》一卷（见陈氏《书录解题》）。郑氏书目载《彩选格》共数种，皆升官图之滥觞也。

又宋时有《选仙图》，亦用骰子比色。先为散仙[2]，次为上洞[3]，以渐至蓬莱、大罗[4]，则众仙庆贺。其比色之法，亦重绯四。凡有过者，谪作采樵[5]；思凡之人，遇胜色仍复位。

【注释】

① 刘敞（1019—1068）字原父，号公是，临江新喻（今江西新余）人。有《春秋权衡》《春秋传》《七经小传》《公是集》等。

② 散仙：道教语。仙人未授仙职者之称。

③ 上洞：民间传说中道教的八个仙人。即汉钟离、张果老、吕洞宾、李铁拐、韩湘子、曹国舅、蓝采和、何仙姑。合称"上洞八仙"。

④ 大罗：即大罗天。道教所称三十六天中最高一重天。

⑤ 采樵：指砍柴的樵夫。

王珪①《宫词》云：近日窗间睹选仙，小娃争觅到盆钱。上筹须占蓬莱岛，一掷乘鸾出洞天。亦彩选之类也。所云"到盆钱"，如里俗"升官图"，卑者出钱与尊者，谓之"见面钱"（见虞兆漋《天香楼偶得》）②。

又按升官图多用骰六枚，惟房千里局道用骰二枚。本朝闽高兆撰《揽胜图》③，用骰一枚，以幺

【注释】

① 王珪（1019—1085），字禹玉，成都华阳（今四川成都）人。文辞闳丽，多有台阁气。有《华阳集》。

② 《天香楼偶得》：一卷，清虞兆漋撰。虞兆漋字虹升，檇李（今浙江嘉兴）人。作者读书有得，随笔记录，汇编成此书。

③ 高兆（约1615—约1665）：字云客，号固斋，侯官（今福州市区）人，明崇祯间生。清初曾入福建巡抚幕。有《观石录》《观溪砚石考》《揽胜图语》等。

为词客，二为羽士①，三为剑侠，四为美人，五为渔父，六为缁衣②。分马③既定，齐集"劳劳亭④"，挨次递掷，照点前行。词客至"瀛洲⑤"止，羽士至"蓬莱岛"止，剑侠至"青门⑥"止，美人至"天台⑦"止，渔父至"桃源"止，缁衣至"五老峰⑧"止。其局亦从升官图化出。

【注释】

---

① 羽士：道士。

② 缁衣：古代用黑色帛做朝服。引申指做官的人。

③ 分马：分派，安排。

④ 劳劳亭：在今南京市西南古新亭南，三国吴筑，为送别之所。

⑤ 瀛洲：传说中的仙山。

⑥ 青门：汉长安城东南门。本名霸城门，因其门色青，故俗呼为"青门"或"青城门"。门外有霸桥，汉人送客至此桥，折柳赠别。

⑦ 天台：指天台山。在浙江天台县北。相传汉刘晨、阮肇入此山采药遇仙。

⑧ 五老峰：江西省庐山东南部名峰。五峰形如五老人并肩耸立，故称。

花赌

饮博、樗蒲，妓家所擅。古人每藉以作狭邪[1]之游。
唐岑参诗曰：美人一双闲且都，朱唇翠眉映月嚧。……
红牙缕马对樗蒲。玉盘纤手撒作卢[2]。宋李元膺诗曰：
"娇羞惯被诸郎戏，袖映春葱出注迟。[3]"明刘黄裳
诗曰："已解疾驰夸女侠，故将迟局媚郎官。"[4]

曲房[5]棐几[6]之间，锦茵[7]围坐，娇声杂递，

【注释】

① 狭邪：原指小街曲巷，也引申为妓院。

② 见岑参诗：《玉门关盖将军歌》。闲，闲雅。都，美。嚧，瞳仁，
亦泛指眼珠。红牙，乐器名，檀木制的拍板，用以调节乐曲的节拍。缕
马，指樗蒲中的马，雕刻以精美的花纹。岑参（约715—770），唐代大
诗人，与高适并称"高岑"，盛唐边塞诗的杰出代表。

③ 李元膺：北宋诗人、词人。生卒年不详。东平（今属山东省）人。春
葱，形容女子白嫩的手指。

④ 见刘黄裳《樗蒲歌》。刘黄裳（1529—1595），字玄光，光州（今属
河南）人。登万历丙戌进士，官兵部员外郎。善书法。

⑤ 曲房：内室，密室。

⑥ 棐几：用棐木做的几桌。亦泛指几桌。棐，古通"榧"，香榧，常绿
乔木。

⑦ 锦茵：锦制的垫褥。

芳泽[①]微闻，较诸歌舞筵前，另有一种风致。搢绅[②]之家，蓄有姬侍，或遇令节寿诞，偶一为之，特[③]未可常习，妨害女红也（按《太平广记》：薛昭遇三美女，请掷子，遇采强者得荐枕席，亦闺房雅事）。

　　今吴下富商大贾，妇女宴会，广携白锃，招邀赴局，淫盗交诲，贻[④]玷帷簿[⑤]，所宜痛遏其流，以儆颓风。

———————————————————————【注释】———————————————————————

① 芳泽：香气。芳，古书上指用以调味的紫苏之类的香草。

② 搢绅：泛指仕宦之家。

③ 特：只。

④ 贻：遗留，留下。

⑤ 帷簿：指女性的闺房内闱。

抽头^①

招博徒于家，而饮食^②之。伺其既胜，或二十取一焉，或十五取一焉，谓之"抽头"。东坡所谓"'赌钱不输'方"也（见《志林》^③）。《唐国史补》云：强名争胜，谓之撩零^④。假借分画，谓之囊家^⑤。囊家十一^⑥而取，谓之"乞头"。《山堂肆考》云："世之纠率樗蒲者，谓公子家。又谓之囊家。亦谓之录事。"今令甲^⑦禁赌博最严，窝家即抽头之家也。

────────── 【注释】 ──────────

① 抽头：即从赌注获益中抽取一定成率的钱财。一般是由放局的东家（即囊家）抽取。

② 食：喂食，招待吃食。

③ 《捧腹编·卷五·东坡志林》："有道人坐相国寺，卖诸禁方。缄题。其一日，卖'赌钱不输'方，少年有博者，以千金得之。归，发视其方，曰：'但止乞头。'按此意即"赌钱不输"的秘方，《志林》笑谓若要赌钱不输，只要一直做抽头取利的庄家即可。

④ 撩零之意：可能为跟局的旁观者看准哪一方为赢家，便随之下注，可以押其零头或几分之一，输赢随之。

⑤ 囊家即放局设场招赌徒的东家，从赢家赢得的彩筹中抽取一定的钱财。

⑥ 囊家十一：即囊家抽取十分之一的利润。

⑦ 令甲：第一道诏令，法令的第一篇。后用为法令的通称。

角戏宜忌

宜暇日，宜雨窗，宜大寒大暑，宜酒后，宜病起，宜密室明窗净几，宜豪客，宜温雅之客，宜阿堵适有余裕时，宜举子试竣出闱时，宜举子下第时，宜幕客无事时，宜与不甚晓文墨者同居时，宜有小不如意事时，宜黑夜泊船津口，宜美人在座。

忌有俗事，忌花月良辰，忌屋宇邻街道，忌有他客扣门，忌有旁人饶舌，忌轻挑子弟窃看，忌醉客，忌贪鄙之客，忌褊躁之客，忌惧内之客，忌手头匮乏时，忌举子候出榜时，忌彻夜达旦不止，忌邀子弟之业师入座。

图书在版编目（CIP）数据

博戏录 / (宋) 李清照等著；李诗君注译. -- 武汉：
崇文书局，2018.10

（雅趣小书 / 鲁小俊主编）

ISBN 978-7-5403-5180-9

Ⅰ.①博… Ⅱ.①李…②李…

Ⅲ.①文娱性体育活动 - 介绍 - 中国 - 古代

Ⅳ.①G899

中国版本图书馆CIP数据核字(2018)第209187号

雅趣小书：博戏录

责任编辑	刘　丹
装帧设计	刘嘉鹏　PAOI design
出版发行	崇文书局
业务电话	027-87679105
印　　刷	武汉精一佳印刷有限公司
经　　销	新华书店湖北发行所经销
版　　次	2018年10月第1版第1次印刷
开　　本	880*1230　1/32
字　　数	180千字
印　　张	8
定　　价	49.80元